一个新广告人的自白

——营销新思维实战手册

牛云 著

中国财经出版传媒集团
中国财政经济出版社

图书在版编目（CIP）数据

一个新广告人的自白：营销新思维实战手册／牛云著. —北京：中国财政经济出版社，2018. 12
ISBN 978 - 7 - 5095 - 8752 - 2

Ⅰ. ①一… Ⅱ. ①牛… Ⅲ. ①广告 - 市场营销学 Ⅳ. ①F713. 86

中国版本图书馆 CIP 数据核字（2018）第 293546 号

责任编辑：张怡然　　责任印制：张　健
文字编辑：张　凡　　版式设计：丁丁图文

中国财政经济出版社出版
URL：http://www.cfeph.cn
E - mail：cfeph@cfeph.cn

社址：北京市海淀区阜成路甲 28 号　邮政编码：100142
营销中心电话：010 - 88191537
北京时捷印刷有限公司印刷　各地新华书店经销
787 × 1092 毫米　32 开　6. 625 印张　97 000 字
2019 年 2 月第 1 版　2019 年 12 月北京第 2 次印刷
定价：48. 00 元
ISBN 978 - 7 - 5095 - 8752 - 2
（图书出现印装问题，本社负责调换）
本社质量投诉电话：010 - 88190744
打击盗版举报热线：010 - 88191661　QQ：2242791300

目录

CONTENTS

前言

PREFACE

企业之间的竞争就是广告投放策略的竞争

一、所有企业的核心问题都是营销问题

上至国家，下至个人，财富都是衡量发展水平的重要指标之一。例如，城市的 GDP（国内生产总值）排名、全球的国家财富排名，等等，无一例外！发展是第一要务。而对于企业来说，提高销售额就是寻求发展、增加财富的必要手段。而如何提高销售额，核心的问题是营销问题。

二、营销是从广告开始的

营销就是把商品和服务推介给消费者的过程，任何商

品和服务，如果没有广告的指引，消费者无法认知，自然也不会购买。试想一下，任何的消费都是因为店铺的门头、名片、宣传单、海报等的指引才能实现，这些都是一家企业必备的营销条件。任何一家企业，无论是否有资金，都必须进行广告投入。企业之间只是投入资金多少和广告投放形式不同而已！

三、广告投放策略是关键

资金雄厚，广告自然可以做到“狂轰滥炸”，农夫山泉、鸿茅药酒（已经出现问题，据媒体报道，2016 年鸿茅药酒电视广告投放额达到 150 亿元）以及曾经的“央视标王”们无一不是广告成功的案例。相反，小企业有再好的产品，由于在广告投放上与大企业存在的巨大差异，也很难打开销路，企业甚至因此生存艰难！

有些时候，你会发现，竞争甚至无关产品，完全都是广告之间的竞争！日用化工品牌之间产品品质差异很小，竞争完全取决于广告；各种饮用水，差异更小，竞争也完全取决于广告！

如何在同样的广告预算下，取得更好的效果？

如何在不增加广告投入的情况下，使广告传播范围倍增？

一家创业企业，广告预算极其有限，如何迅速提升业绩？

互联网时代，传统企业到底怎么做营销？

如何少花钱多办事、办大事？

这些都是广告投放策略要解决的问题。

资金雄厚不需要策略。如果你一年能投数个亿做广告，马上把这本书放回到书架上吧！不想靠“砸钱”的企业更需要好的策略！这本书正是为这样的企业的老板和营销人员所写的。

本书的核心内容：借助移动互联网思维和工具，在不增加广告投放预算的基础上让广告传播效果倍增，进而让业绩倍增！

企业和企业之间的竞争就是营销能力的竞争，就是广告策略的竞争，就是看谁的广告更迅速有效！拿出有效的广告你就是企业的谋略大师！

竞争从客户阅读广告的那一刹那就开始了，知道谁看了广告很重要，知道看了后买没买更重要。

如何让客户阅读你的广告？

如何知道客户阅读了你的广告？

如何知道广告的阅读者是谁？

如何在客户阅读你的广告时立即发起对话？

如何让客户成为你的广告传播者？

答案都在这本书里！

第一篇 · 营销思维

广告不是艺术，广告是用来引导销售的。

——戴维 · 奥格威

Chapter 1

互联网时代传统企业的营销之道

每一个人，每一天都离不开营销，要么你去买别人制造的产品，要么你生产产品卖给别人。每一个人都需要生存，生存既需要卖产品来获得利润，也需要消耗产品来维持自己的生活。

但是过去，人们会觉得只有广告公司或者营销策划公司才会去研究营销策划，绝大部分的企业老板对营销策划都束手无策，特别是在日新月异的互联网时代，更不知道怎么做。现在，我教大家一套全新的方法，叫作“新广告、新营销、新策划”。

20 小时定律

“新广告、新营销、新策划”有别于传统的营销模式，这个“新”是要借助某种趋势，或者说借助某种工具。利用这种模式，可以让每一个老板，每一个经营者，每一个销售岗位的朋友，都有机会成为营销牛人。

“20 小时定律”由 TED 演讲者、自学专家乔希·考夫曼在其畅销书《关键 20 小时，快速学会任何技能！》中提出。该定律就是要告诉大家如何用 20 小时快速学习一门新技能。对于营销也同样适用，只要通过 20 小时的专业训练，经过刻意练习，一个普通人，一个非专业人士，就可以变成这个领域当中的专家。

所以，先给我，也给你自己 20 小时的时间，来学习，去实践。

什么是“新广告、新营销、新策划”

虽然我已经做了十几年的培训，拥有数万名学生，拥有超过 3000 多家的广告快印连锁店，他们在为全国三百六十行的老板提供这套“新广告、新营销、新策划”的营销技术解决方案，但是，肯定还有很多人不了解这套全新的营销模式，不知道它究竟是什么。

那么怎么才能够用一种新的营销模式去影响三百六十行，让每一行都能够使用这样的营销手段，开展新的营销呢？这套全新的营销模式包括新的营销理论和营销工具，让你通过一段时间的训练，就能掌握新的营销思维，无论你从事什么行业，可以自己运用，也可以给你的客户用，帮别人出谋划策。总之，这是一套标准化、套系化、工具化的营销理论。

我们都知道，很多公司都需要请专业的策划公司去做营销策划，比如说中央电视台曾经的标王——秦池古酒、孔府家酒。这些酒为什么现在见不到了，一定是营销策略出了问题。当你花很多钱投广告，生意就会很好，而没有广告的时候，生意马上就下降到冰点，问题出在哪里呢？营销究竟应该怎么去做？很多老板在企业的营销过程中都很茫然。我们看到很多服装店，包括百丽、美特斯邦威等品牌在内，业绩都在大幅下滑，百丽甚至从香港退市。传统经济究竟出了什么问题？在传统经济的模式之下，我们怎么去用新的营销手段，确保自己的生意能够越来越好？

所以我同大家分享在当前复杂的市场经济环境之下，让每一个企业老板学会利用自身的优势，然后通过全新的营销理论和营销技术，在不依赖外部资源的前提之下，迅速获得业绩倍增的方法。

“新广告、新营销、新策划”是利用自己已有的资源，不用借助外部的手段，不需要花费很多钱去电视、报刊、搜索引擎上投广告。在经济条件不好的时候，我们没有钱，才更要学会运用自身优势，维持自己的生意，并且努力做到更好。

越是经济危机，人们越是需要有效的广告。

两个关键点需要把握：**第一，自身资源；第二，新工具**。我们要学会用工具去辅助营销，甚至去主导营销。移动互联网时代，技术的发展让传统的生意突飞猛进，发生了人类无法想象的巨大变化。今天，世界变得如此之近，这些都有赖于技术的变革，技术是一种生产力。那在我的营销体系当中，我跟大家分享的核心是什么？这就是“新广告、新营销、新策划”的 19 大原点思维。

2014 年，我提出“广告技术营销理论”，中国已进入技术营销时代。传统的营销策划，是各个领域的营销策划大师通过 VI（视觉设计）、定位、图片、文字，通过平面设计，让企业的包装、广告、产品在形象上发生巨大的变化，从而影响消费者的购买。

我研究发现，广告的发展要经历三个过程：展示、功能、连接。目前的绝大部分广告处于第一阶段，VI 是广告营销初级阶段“展示”的典型特征；当广告向下一阶段“功能”发展的时候，我们开始忽略 VI，强化广告的核心本质（下文中有详细的阐述），而接下来，广告最终会变成阅读者“连接”的平台，进而将所有的广告阅读者转变为广告本身。

其实各行各业都遵循这个定律，例如，海底捞就是从餐饮的第一阶段（满足口感）转移到第二阶段（消费体验）。我认为，餐饮行业发展的第三阶段，必然是客户关系。如何把到店客户转化为渠道和资源，如何开放餐饮卖场为共享资源，这将是餐饮行业发展的趋势！

一个新广告人的自白：营销需要引入新的体系

今天，传统营销方法正在逐渐失效，在路上发宣传单没有人要，更没有人看。做电视广告不但需要花很多钱，更重要的是，大部分年轻人根本就不看电视；花钱做报刊广告，但纸媒的影响力在逐渐减弱；在互联网上投广告又太贵，而且有太多的不确定性。那么企业的营销究竟要怎么去做？怎么才能让有限的资金变得更加高效？很显然，营销需要变革，需要新的模式。这就是我提出“新广告、新营销、新策划”理论的原因。

我把这个理论基础总结为“一个新广告人的自白”。做广告营销的人一定都读过美国传奇广告教父戴维·奥格威所著的《一个广告人的自白》。戴维·奥格威曾在书中说过：**“广告不是艺术，广告是用来引导销售的。”**可见，无论做什么样的广告，其本质目的只有一个，就是为客户带来销售。

戴维·奥格威在1962年写了这本风靡全球的畅销书。这本书可能是很多专业广告人必读的书，但也有很多老板可能会觉得这本书和他没有关系，因为自己又不是做广告的。很多人做生意都有很好的思路和规划，但是为什么到后来生意不好了？很显然，因为他们一直在用传统的思维理念思考问题。

《一个广告人的自白》之所以在那个时代风靡全球，是因为戴维·奥格威用了全新的思维理念，告诉别人广告应该怎么去做。这套理论在今天依然有效，但是实现起来很难。有了这么好的书，为什么还有那么多人不懂广告，还有那么多专业的营销策划公司依然不会做广告？互联网时代，我们需要在这本书的基础之上，引入新的体系，这就是《一个新广告人的自白》的意义。

《一个新广告人的自白》的核心理论是新营销的19大原点思维。只要学会运用新营销的19大原点思维，然后通过分析大量落地实战案例，最终把它变成自己的一套营销体系，就能实现业绩倍增。“新广告、新营销、新策划”的核心理论是：**在传统广告营销的模式基础之上结合一套全新的广告技术营销工具系统，使两者相结合，把商品的包装物变成企业广告的传播入口和载体。**

传统企业的广告营销到底该怎么做？如何才能让有限的资金变得更加高效呢？让我们先来看3个新营销典型案例。

案例 CASE 在不请谢霆锋的情况下，如何让橄榄油销售火爆

欧丽薇兰橄榄油之所以卖得如此火，很大一部分原因是请了知名演员谢霆锋做广告代言人。但是大部分企

业请不起谢霆锋，不要说谢霆锋，随便一个19线的演员都请不起，所以，如何在不花费很多钱的情况下，让橄榄油的销量迅速倍增呢？这两个工具可以办到。

① 改变包装。橄榄油是生活当中的必需品，如果把橄榄油的瓶子做成普通的包装瓶，无论这个瓶子做得多好看，都在人们的想象空间之内，这不叫惊艳。我的思路是什么呢？我会放一幅古希腊的作品，或者意大利文艺复兴时期的画。当然，面对国内的消费者，我会在橄榄油包装瓶上放一幅青花瓷的画，如果这个瓶子是细长的，可以放三幅紫砂壶的作品画。

② 在瓶身上加上二维码。这个二维码不是普通的二维码，而是营销型二维码，具有所见即所得的特点。同时，二维码下面的引导话术也非常重要，要确保这句话顾客一看到就愿意去扫。比如二维码下写：教你用橄榄油做十八道菜，十八道菜很重要，少一道都不行。我想大部分人都愿意去扫。

Kana
0.3%
ACIDITY
MESSARA P.D.O.
COLD EXTRACTED
Made with koroneiki olives
PRODUCT OF GREECE
EL 40 302
教你用橄榄油做十八道菜

案例 CASE 瓶装水的营销究竟怎样去做？

瓶装水的竞争异常激烈。在巴马有很多优质的水源，但是需要投入大量的广告推广费用，导致很多瓶装水的市场价格非常高。有一家水厂找到我做营销策划，我建议他们不要单纯地为了卖水而卖水，而是要把水变成广告的载体，这就是“名片水”的概念。

想想，你去拜访客户，不是递出一张普通的名片，而是一瓶优质的水，并且包装精美，这肯定能够让你的客户眼前一亮。而且这瓶水的包装上，还有一个特别之处，那就是上面的二维码，我称之为“名片二维码”。

名片二维码和普通二维码的区别是什么？名片二维码能够把企业所有的产品、营销理念、团队介绍、产品优势、客户见证等信息，全部呈现出来。这样，一枚小小的矿泉水标签就变成一家企业的文化的展示窗口，一瓶水就是一套企业营销传播的系统。

这就是守正出奇，它的核心观点是，把商品的包装物变成企业广告的传播的入口和载体，以及二次营销的起点。“新广告、新营销、新策划”理论是在传统广告营

销的模式基础之上结合一套全新的广告技术营销工具系统，从而创建一个新的营销品类。

案例 CASE　Wifi 小瓶酒，把好生意连起来

Wifi 小瓶酒是在借鉴了小罐茶营销理念的基础上，创造的一套全新营销概念产品。精致时尚的外形、清雅脱俗的包装设计，融合最先进的二维码营销技术，创造了将消费者直接变成渠道的全新代理模式，帮助企业引流，受到一致好评。

这款酒的创意源是“艺术品 + 个性化定制 + 二维码纵深营销”。每一个礼盒里面有 8 瓶酒，每一瓶的酒标上有一幅精美的画，同时瓶身背后有一个二维码，每一个二维码都是一套营销思路，搭载快印客智慧云码技术营销系统的落地案例，创造品牌宣传的场景，组成广告人的“天龙八部”，让老板们在喝酒的同时也能修炼好生意的“武功心法”，打通线上线下的营销渠道，重新定义广告营销的价值。

19 大原点思维："新广告、新营销、新策划"的理论基础

可以看出，营销影响生活的方方面面，无论你从事什么职业，在什么岗位，每天都逃不过铺天盖地的广告，户外海报、灯箱、店铺门头、DM 单（直接邮寄广告）等等，对于有选择困难症的人，没有广告的指引，挑选商品简直就是一种灾难。

"新广告、新营销、新策划"理论一共有 19 大核心观点，我把它称为"19 大原点思维"。"原点思维"是我原创的一个词汇，即思考问题的时候要从原点出发，因此我们要先找到事物的原点。中国道教讲究"道生一，一生二，二生三，三生万物"。万物的原点是什么？就是那个"道"。营销也要找到营销之道，找到营销的原点，营销才能不偏离正道。

19 大原点思维之一：所有企业的核心问题都是营销问题，营销是从广告开始的。营销的根本问题是广告投放策略。传统行业的广告投放形式以纸媒的广告印刷品为主。因此，传统企业的营销是从广告印刷品开始的。

“新广告、新营销、新策划”理论就是在传统广告印刷品的基础上，通过植入技术营销系统，让广告的阅读者变成营销的渠道，产生裂变的传播效应，让一张广告印刷品达到数万张的效果。并且这种方法，基本上不增加任何制作成本。

19 大原点思维之二：传统行业的核心资产是已成交客户和到店客户，研究自身客户的重复购买以及口碑转化是传统企业营销的核心问题。我们用新的技术营销手段，把到店客户转化为口碑营销的渠道。

19 大原点思维之三：传统企业的“互联网 +”是什么？如何运用“互联网 +”，也是许多传统行业需要面对的问题。

传统企业缺少对互联网的意识，并不真正理解什么是互联网。互联网其实很简单，就是工具，比如利用微信聊天、利用软件买火车票，等等。我们要善于使用互联网，使之为营销服务，把互联网技术转化为广告营销的标准工具。“互联网 +”不是简单的电商，也不是简单的网店，而是营销渠道的再建。传统企业要基于自身，开展线上、线下的互动营销，而且营销的主体还是在线下。

“互联网 +”要解决的核心问题是营销问题，其本质是广告的创新！**传统行业的“互联网 +”就是广告印刷品的“互联网 +”，这样理解最简单，执行起来最快，成本也最低。**

19 大原点思维之四：“新广告、新营销、新策划”就是传统广告、传统营销策划与互联网技术的结合，如何通过互联网的技术和工具实现传统广告价值的裂变，进而实现传统行业线上线下的互动营销。

过去，产品包装物只能依靠有创意的 VI、包装材质的革新来博得好感，还停留在视觉识别阶段和产品的展示陈列阶段，而互联网时代下的智慧包装物，则是借助互联网工具，让消费者走进包装，**让包装成为互动营销的入口**。

案例 CASE　延安小罐粮：让农产品包装焕发新生机

延安小罐粮创造性的 VI，不仅融合了延安专属的“红色设计”理念，还通过“艺术品 + 个性化定制 + 二维码营销”产品设计理念，将创业者的创业历程“讲”给购买者。每个包装上都有专属二维码，每一个二维码

延|安|小|罐|米 营|养|大|不|同
扫码体验神奇
延安
小米
小罐米
YANAN XIAO MI
延安
五谷杂粮

里面附有创业老板的成功事迹，组成广告人的“创业故事汇”。这样的设计，使得小罐粮不仅是健康的营养口粮，更是不惧艰辛、努力奋斗的宝贵精神的传承者。

一款会讲故事的产品，才能在未来持续的为自己讲故事。要通过包装的技术创新，打通线上线下渠道，实现精准营销和互动营销。

19 大原点思维之五：传统广告需要客户到店才知道客户是谁。客户只要不到店，店家永远无法获得广告的阅读者和目标客户。而新广告的两大要素条件为：场景前置、优惠前置。通过技术工具，让阅读者在阅读广告时就身临其境并拿到（是拿到不是看到，这很重要）优惠。

19 大原点思维之六：广告印刷品的核心——引导客户到店。比如一家健身房的广告，目的什么，就是引导消费者到店体验；例如一家教育培训机构的广告利用新营销手段，目标是要识别谁看了广告，等等。

19 大原点思维之七：最原始的广告就是口碑，寻找口碑传播过程中与传播者的利益关系更有利于口碑传播。因此最简单的广告就是研究如何让口碑变现，让传播者获得应有的广告传播收益。

19大原点思维之八：当传统口碑营销失效的时候，就需要研究付费的口碑营销模式。分享营销就是按结果付费的口碑营销。我在2012年提出可分销二维码理论，这是分享营销的基础。分享营销必将成为最有效的广告裂变模式。

19大原点思维之九：借助技术工具。新广告从过去单一的商品展示变成了一种载体和入口，这种广告的特质是通过平面来吸引客户的关注，然后通过营销型二维码互动系统引导客户进入场景，因此，这是一种互动多媒体广告，一种新型的技术工具。

19大原点思维之十：广告就是打造一种场景，让阅读者无限接近，若能让阅读者身临其境，则是广告的最高境界。

19大原点思维之十一：广告不是用来欣赏的，而是用来引导消费的，必须要在客户看广告的时候，通过技术工具，精准识别、锁定客户。广告不但要让客户看，还要让客户带走并分享！

19大原点思维之十二：广告是实现企业价值的直接通道，广告即产品，产品即广告。

产品的价值转换都是通过广告来引导的，产品卖不出去，很显然是因为没有重视广告，换句话说，就是你的广告没有完全呈现出产品的最大价值。

19大原点思维之十三：提供普通产品，只能获得行业的平均利润，只有颠覆性创新才能获得超额利润，而广告营销的颠覆性创新是产品创新的重要形式。

你会发现，当下互联网领域的创新绝大多数都是营销的创新，几乎和产品没有太大的关系，例如共享单车、共享汽车、共享冰箱、共享旅馆，等等，他们采取的创新方式都是利用互联网技术工具来实现客户的分享裂变效应以及互联网的连接属性。

19大原点思维之十四：新广告时代，一个广告要具备三个功能：搭建场景、促进分享、达成交易。

传统形式的广告印刷品已经失去了效力，不仅浪费了人力、物力等众多资源，更给环保带来巨大的压力。优秀的广告设计原则是利用互联网技术搭建一个身临其境的场景，激发客户的兴趣，并主动进行分享，进而产生渠道的裂变，最终达成交易。

19大原点思维之十五：在未来，连接商家的能力就是赚钱的能力。

19 大原点思维之十六：传统企业营销的体现形式就是店铺营销。店铺营销三部曲：把未知客户变成已知客户；把已知客户变成消费者；把消费者变成渠道。这是最有效、最直接的营销策略。

我研究全中国所有营销的体现形式，餐饮店、健身房、美容店，这些卖场全部都是以店铺的形式展示，一个国家是一个店铺，一座城市是一个店铺，一条商业街是一个店铺，网店当然也是店铺。所以，这里的店铺的概念是“泛店铺”，店铺是商品向消费者转移的场所。广告最核心的价值就是研究如何吸引客户到达店铺，唯有客户到达店铺，才能选择商品，商品才能转移到消费者手里。

4300 万中小企业，每一家企业都是一个店铺。我认为，中国经济的振兴必然需要传统实体经济的振兴，传统企业营销的体现形式就是店铺营销。没有电子商务人们一样能够活得很好，但是如果没有实体经济，社会就会处在崩溃的边缘。“新广告、新营销、新策划”理论是要帮助传统店铺运用互联网思维，借助互联网工具，让生意迅速好起来。

如何辨别已知客户？比如一家餐饮店，经常有熟客光顾，你甚至都在和他们打招呼，但这些是已知客户吗？显然，他们不是。已知客户应该是要获得其ID的客户。从而在客户不到店的情况下，通过电话、微信等与之产生联系。这样如果店铺有新的产品，或者有新的营销模式，就能够及时通知到客户了。锁定ID的过程，就是锁定已知客户的过程，这些客户才能被营销所影响。

19大原点思维之十七：把卖场或者店铺打造成客户共享资源的系统，是锁定客户的核心。共享卖场+分享营销=裂变式创业，这将是一个伟大的理论！

共享经济产生于美国曼哈顿。一个普通的女白领，某一天她开车去公司时突发奇想，上班不用车的这段时间里，能不能把车租给别人，这就是最初的共享模式。所以共享应该有一个前提，就是共享的东西是自身所拥有，然后分享给他人。而今天共享单车的模式背离了共享的本质，它硬生生造出一种产品，然后让大家去分享。

“新广告、新营销、新策划”模式下的共享是什么？比如有一家健身中心，怎么才能更大程度地吸引客流，那就是把它变成资源共享的场所。一家房地产的老板去了这家健身中心，健身完之后还和健身中心有什么关系呢？这种共享模式是要把健身中心打造成房地产卖房子的卖场；同样，房地产卖房子的售楼处也可以变成健身中心卖会员的卖场。

19 大原点思维之十八：你的客户在哪里？解决这个问题，就解决了客户持续到店的问题，也解决了广告投放渠道的核心问题。精准识别，精准投放。

你的客户在哪里？你的客户在别人的店里。当你意识到这个问题的时候，你就意识到营销的原点是什么了，你就知道广告应该出现在哪里了。我的学员曾经做了一个滑雪场的营销策划，经网络平台传播，一星期营销软文的阅读量达到 10 万多，导致这家滑雪场生意爆棚。为什么？这不是一轮营销可以做到的，需要所有的关联客户去进行共同的推广，然后把所有的客户群拉到一个共享的平台中，从而激发客户的需求。未来的营销将是一个巨大的营销池，所有的客户都将在这个营销池中流动。只有具备了新营销的思维，才能赢得客户。

19 大原点思维之十九：竞争从客户阅读广告的那一刻就开始了！移动互联网时代，战场从店铺移到了广告端，这是信息化时代，不仅仅是传统的地面战。

"新广告、新营销、新策划"理论与传统广告的5个区别：

第一，广告幅面。新广告的广告载体不受幅面的限制，传统广告的内容呈现受广告载体幅面限制。

第二，广告性质。新广告让平面广告变成互动多媒体广告，让阅读者能够身临其境。传统广告无法和消费者产生互动。

第三，传播方式。新广告是一对多、多对多传播。传统广告仅限于一对一传播。

第四，影响力。新广告将广告阅读者转变为传播者，并使之成为销售渠道。传统广告的传播者是广告本身。

第五，精准度。新广告能够精准识别客户、阅读时间、阅读次数、判断广告的投放价值。传统广告无法确定广告的投放价值。

传统的广告正在逐渐失去效力，未来没有二维码的广告，将变成无效的广告。"新广告、新营销、新策划"理论帮助传统广告进行创新和变革，让互联网技术为传统企业所用，把复杂的营销标准化、工具化、套系化，并给出了一套行之有效的落地方案。

Chapter 2

企业品牌载体的广告价值

一个企业如果想要持久经营并且发展壮大，需要建立自己的品牌，而想要形成自己的品牌，光靠口碑营销远远不够，还需要做广告，而想要通过广告达到宣传的效果，就需要持久的资金投入。在没有庞大资金支撑的前提下，传统企业如何开创自己的品牌，从而让品牌变得更有价值，这就涉及企业品牌载体的广告价值问题。

什么是企业品牌的载体？企业品牌载体究竟有什么样的广告价值？可以从以下三个部分进行阐述。

什么是企业的品牌载体?

2016 年，我到德国参观梅赛德斯 – 奔驰博物馆。博物馆有几层楼高，工作人员带领游客乘坐电梯到达顶层，然后让所有人从顶层沿着螺旋楼梯一层一层往下走，同时为大家讲解奔驰的历史和品牌故事：从 1885 年的第一台奔驰汽车诞生，到发展成为普及率最高的现代化交通工具，以及三叉星 Logo 如何完美地诠释奔驰的品牌，等等。

不是所有的企业都可以像奔驰一样，建造一个博物馆进行品牌的营销，或者借助大量媒体进行广告宣传。中国的中小企业大都不具备这样的能力，所以我们不讨论如何用重金去打造“高大上”的品牌。

但是我们首先要清醒地认识到：**再小的企业，也有品牌的载体。**

经营企业究竟在经营什么？企业经营依托于品牌背后的产品，同时一个产品如果没有品牌支撑，就没有灵魂，它就变成了一种共性产品。如何让这个共性产品从整个品类当中分离出来，就需要借助品牌的力量。苹果、诺基亚、爱立信、摩托罗拉等手机设备，就是通过品牌来进行区分的。

案例 CASE　世界杯小龙虾

2018俄罗斯世界杯点燃了球迷的热情，同时也引爆了外卖市场，当季小龙虾尤其火爆。虽然国足没有到俄罗斯去参加世界杯，但是中国派出了10万只“世界杯版”小龙虾“出征”俄罗斯，让参与这次盛会的各国球迷、媒体记者等共同感受到了中国美食之一——小龙虾的火爆。

在国内，小龙虾外卖同样热火朝天。看世界杯时，我也点了一份外卖小龙虾。从包装盒开始，卖家就做足了功课。包装很仔细，最让我意外的是，卖家竟然还搭配了一个围裙。这让我开始真正关注这个小龙虾品牌，这份外卖简直就是小龙虾的品牌大礼包啊！

一般的店家接收到一个外卖订单后，可能只是用一个普通的打包盒，把两斤小龙虾装进去，然后用塑料袋一套，送到你手上，就完成了这一单买卖。大多企业不是做不到配围裙的营销，只是他们不懂，也意识不到广告品牌载体的重要价值。

其实，广告品牌载体还可以发挥更大的价值。比如小龙虾商家可以配备更多的品牌载体：设计精美的纸巾、一款塑料材质的围裙、两副手套、一小袋牙签、一张精美的桌布，还有一包湿巾，并在这些载体上都印上品牌Logo。

对于顾客而言，这顿饭吃的就不仅仅是小龙虾，当你把这一整套品牌载体在桌上铺开，目之所及都是这个产品的精心设计，消费者肯定会欣喜，很可能会产生拍照的冲动，当他把照片晒到朋友圈，你会发现，所有照片都将出现这家小龙虾的品牌标识，他的朋友也会受此影响，接受他的这波免费营销。我认为这才是营销的最高境界。

一些企业认为做广告一定要请大师，做广告一定要花很多钱，做广告一定要到百度去进行营销推广，做广告一定要到那些大的媒体上去做宣传。不是的！广告就在眼前，广告就在消费的所有的流通环节当中。在任何一个流通环节，只要恰如其分地运用好广告载体，你的营销就会实现爆炸式、裂变式的增长。企业如果深谙品牌载体的广告价值，就可以不用花钱请营销策划公司，就能很好地实现自己的品牌转播。

那么究竟什么是品牌载体呢？品牌载体就是承载品牌的所有的宣传物料，比如门头，比如一包纸巾、一个牙签盒。

案例 CASE　e 代驾的推广

e 代驾，是中国最早在饭店进行推广的代驾品牌。e 代驾的推广借助了两种广告载体：

第一，以饭桌为广告载体，主要是放置牙签盒和烟灰缸。那段时间，在许多城市很多饭店的牙签盒和烟灰缸上都有 e 代驾的品牌 Logo。

第二，以洗手间为广告载体，主要是张贴海报，在海报上打上类似“喝酒不开车，开车不喝酒”的标语，然后在上面放上二维码，让消费者扫码下载 e 代驾的 APP，进行代驾消费。

如果没有这些广告载体，估计没有人会认知到有这样一个品牌存在，自然也无法产生消费。所以门头、名片、DM 单、企业宣传画册、牙签盒，甚至是一支矿泉水，都是企业品牌的载体。企业品牌营销的内容之一，就是如何经营好这些载体，使其迅速传播企业的品牌，产生更大的效益；以及如何正确地去理解这些载体和客户之间的关系。

让品牌载体发挥广告价值，传递的是这样一个看似浅显实则深奥的营销理念：让企业在不增加广告投放预算的前提下，达到广告传播效果倍增的效果。运用好品牌载体是一个可以让企业事半功倍实现广告价值的非常有效的手段。

在我公司门口有一家素菜馆，这家素菜馆的广告承载物料只有一个牙签盒。素菜馆在门口摆了一个货架，上面摆满了印有素菜馆品牌标识的牙签盒，并挂了一张纸条“每人限拿一个”。牙签盒无论是放在家里，还是放在单位，只要你能看到，它就会产生品牌刺激。哪天当你不知道中午吃什么的时候，突然间看到了这家素菜馆的牙签盒，你就会回想自己多久没有吃素菜了，并萌生去这家素菜馆的想法。

在营销的过程当中，一个被客户带走并且保留下来的有效的品牌载体，能够激发客户二次甚至N次消费，这个品牌载体的成本几乎可以忽略不计。

以往对广告物料的认知，可能还停留在名片、DM单、门头等单纯的企业自身广告上，其实，广告物料包含的范围很广，它可以是企业定制的一切品牌商品，比如一件带有公司 Logo 的定制衫——我的衣橱里就有很多世界 500 强企业的品牌定制衫，中石油、中石化、中国移动、中国电信等都有；再比如夏季应景的广告扇，一个广告扇的成本大概一块钱，一万块可以印制一万个，这一万个广告扇的传播力度肯定是相当可观的，而这一万块的成本相对于广告投放来讲，只是九牛一毛而已。

所以，任何一个传统企业，无论大企业还是小企业，一定要充分认识到品牌载体的广告价值，要用稳扎稳打的品牌传播方式，正确选择品牌载体，使其广告价值最大化。只要品牌运营得当，就都能够成为非常优秀的企业。

什么样的广告载体才有效？

广告载体应当呈现在客户面前。广告载体是企业的产品、品牌和客户之间建立沟通的第一道纽带，当顾客没有成为你的消费者，或者说对你的产品一无所知时，广告载体将成为第一块敲门砖，敲开顾客和企业的产品及服务之间的联系。

但是你会发现，你递的名片、画册等，别人当面礼貌性地拿在手里，一转身可能随手丢进垃圾桶。这些广告物料是花很多钱精心制作的，人们期望通过这些广告物料的投放，让自己的生意发生奇迹般的好转，但是这些广告物料最终很可能都变成了垃圾，广告预算付诸东流，让投资者和企业老板对营销失去信心，觉得一切营销都无效了。

所以，只有**选择制作有效的广告载体，才能让广告营销更有价值。**

你递一张名片或一张宣传单给顾客，目的当然是要顾客买你的产品，这意味着要让顾客花钱，所以被顾客拒绝是非常正常的，这是传统广告失效的原因。当严重供过于求时，人们会失去对商品认知的耐心，不加选择地拒绝。所以，**把品牌载体传递给客户的时候，应该创造与顾客共同关心的话题，再讲述品牌的故事。**

案例 CASE 阿里巴巴的大袋子

十几年前，阿里巴巴还没有像现在这样出名，马云经常带着员工参加展会，几乎所有的展会都会参与。阿里巴巴是做平台的，没有实际的产品，为了在展会上达到营销的目的，阿里做了一件事——发袋子，发展会当中最大的袋子。

在展会上，所有人都会或多或少地买一点东西，或是拿别人用袋子装好的资料，从最开始的一个袋子，逛到后面时，可能就拎了十几个袋子了。逛到阿里的展位时，阿里会给他一个大袋子——能将各种小袋子装进去的大袋子。

整个会场当中，当好多人背一个大大的阿里的袋子在展位之间穿梭，阿里便成了展会当中最大的赢家。虽然阿里只有一个展位，但是每一个来展位拿走大袋子的人，都成了阿里流动的展位，变成了阿里的渠道，一波一波客户就被引导到了阿里的展位。

营销真是太重要了！参加展会最大的目的就是让更多的人来到你的展位，浏览你的产品。一个大袋子和一个小袋子的成本可能差异并不大，与整个展位的投资成本相比，甚至可以忽略不计，但是阿里用大袋子在营销方面取得了优势。这些人为什么要到他的展位去，因为他创造了一个需求点，建立了企业与客户共同关心的话题。“我这个袋子很实用，你想要，可以来我这里取……”用对方需求的东西，引起对方的兴趣，随后建立沟通，这就是共同的话题。有了共同话题，就可以展开营销。

案例 CASE　名片茶

有一家茶企要在全国推广茶叶，我委托我的学生为客户做整体策划，在这款茶的包装上面放了一个二维码，当消费者一扫码，就可以掌上了解这家企业的品牌故事，这样的包装策划，让茶企的营销获得很大的成功。

之后，我让公司设计部做了一份设计稿，与该茶企合作，做了一款5000份的定制茶，将我们企业的品牌植入在茶杯上，称之为“名片茶”。

当有朋友来公司拜访时，我就拿出这款茶来招待客人，客人会注意到这款茶和别的茶不一样，茶杯是经过特别设计的，茶叶是事先就放置在茶杯里面的。喝茶的同时，我们会由“名片茶”这个共同话题聊起，随后品牌、营销等等都可以聊。通过这个共同话题，客户会对我的品牌营销产生兴趣，我会建议他也做一款类似的定制茶，将自己的品牌故事放置在这个广告载体上。

一个茶杯的成本可能只有一块钱，相较于整体广告成本，投入是可以忽略不计的，但是从营销卖点、品牌植入的角度来讲，这是一个绝对物超所值的广告载体投入。如果有人愿意把你的品牌故事，当成好的“谈资”，去跟他身边的朋友分享，我相信就会有商家愿意无偿提供这样的纸杯给他，就像商场许多商家，挂自己品牌的手提袋一样。

为什么会有这样的效果呢？因为通过创造共同话题的方式可以让客户感受到“我在关心你，我在告诉你，在你没有做之前，你先看一看我的公司是怎么做的，我用我公司的真实营销案例告诉你，你的公司也可以这么做”。于是我们可以很轻松地导入自己的主题营销。

所有企业的核心问题之一都是营销问题。一家企业发展得好，营销一定要做得到位。营销做得好，不代表钱花得多，而是营销做得正确。在今天这个营销时代，我们的广告载体，必须能够创造客户共同关心的话题。

所以如何让你的广告载体更有效？首先，创造一个双方共同关心的、轻松的、貌似与营销无关的话题；然后，借助这个话题让客户产生联想，激发客户的思考；最后，再转回产品，讲公司如何进行营销的故事，并告诉客户，他的营销也可以这样做。通过这三步法，可以很轻松地在与客户面对面交流时，从客户有可能产生抗拒，进而变成一个互动的广告营销过程。

如何通过共享广告载体加速传播

在移动互联网时代，最主要的广告营销思维方式是正确地认知共享广告载体。共享广告载体使广告与互联网从思想的联姻转变到技术的联姻。

我们首先来讲“思想的联姻”。

很多企业老板都喜欢交朋友，大家经常说：“我们之间可以资源共享，可以共享营销，可以更好地合作。”豪言壮语，令人亢奋。可是酒席一散，就都各回本位，当初的豪言壮语也都不复存在。不是大家不想做，而是没有方法实现。

甲是开饭店的，乙是开健身房的，丙是开教育培训机构的，丁是经营旅行社的。四家企业规模都还可以，如果能进行合作的话，生意可能会变得更好，而且抱团更有抵抗市场风险的能力，可是不同行业怎么合作？也没有办法直接把饭店的客人变成旅行社的客人，或者把旅行社的客人变成健身房的客人。

可是我们还是期望能进行合作，怎么办呢？**企业的资源整合，企业的客户共享，从共享的广告载体开始。**

比如说，你是一家饭店经营者，用了上文中我们讲过的名片茶、名片水等广告载体，植入健身房、旅行社、教育培训机构等广告，顾客在吃饭间隙可能看到这个广告，扫了二维码便能知道其他商家的信息，来吃饭的人可能对健身感兴趣，于是他会通过这个广告载体传播出的信息，联系这家健身房，这就达成了共享载体的一个变现过程。

同样的道理，其他商户的广告载体也会出现在已达成合作的商户的广告载体上，这实际上是把客户拉到了一个品牌平台当中，这些客户便是共享客户。这一切的实现，都有赖互联网时代下的技术。

共享客户怎么创造？关键在广告载体的选择上，在使用载体的技术上。

运用有效的广告载体来讲品牌故事，可以顺势对客户提出共享客户的概念，并将他拉入共享客户平台。可以告诉客户：“我们有 100 位企业家老板正在做共享广告载体这一模式，是由某家广告公司为我们策划的，我们彼此之间都不用花费更多的广告投放费用，只需要让彼此的广告内嵌在对方的广告载体里，通过一张名片或者其他有效的广告载体，让你的广告出现在我这里，我的广告同时出现在你这里。”大家肯定都愿意参与进来。

微信已经成为当下最普遍的新媒体营销载体之一。过去做广告，要一张一张地发宣传单，今天你只要在微信里发给好友，就能实现比发宣传单更加有效的效果。过去你在商场门口做广告，只有路过商场的人才能看到这个广告，但是现在我在商场广告中放一个二维码，扫码可以抽奖，顾客可以将二维码转发到朋友圈，让他的朋友也参与抽奖。这样，每一个看到广告的人，会在抽奖的刺激下，将广告带到他的朋友圈，他就会迅速由一个广告的阅读者转变为广告共享载体，同时裂变出更大维度、广度的阅读群体。广告会被分享几万次、十几万次甚至上百万次。

这种共享广告载体的模式，可以利用新营销的广告技术工具去实现，只要有一个二维码，就能解决全部的问题。

所以说，传统企业老板必须要正确认知“新广告、新营销、新策划”的价值，“新广告、新营销、新策划”并不是加了一个“新”字就是新的了，它的核心特征是充分利用移动互联网时代的技术工具，让自己的营销更有效。在移动互联网时代，我们可以充分利用移动互联网工具，创造一个基于技术解决方案的新的创造利益的共同体，这个创造利益的共同体，让过去共享广告从简单的思维意识上的合作，变成流量载体的裂变。

移动互联网时代，传统企业面临的所有危机，实际上都是因为没有正确认知移动互联网下，营销已发生了巨大的变化。为什么到店的客户会减少？为什么生意越来越难做？因为我们不了解互联网，我们敬畏互联网，我们不知道在互联网时代营销发生了哪些变化。我们没有真正去理解，更没有充分利用这个时代赋予我们的营销模式和广告传播模式。

我们应该真正地去认知企业广告载体所具有的价值，在传统企业广告的载体上，创造客户共同关心的话题，运用互联网时代的新技术，在讲解自己的品牌故事中，激发客户的参与和互动，从而达成一次有效的营销。

Chapter 3

营销的中医之道

生意越来越差，客户不知道去哪里了，这是长期困扰许多老板的问题。许多生意人每天都在琢磨产品要怎么做销售，市场要怎么开发，项目要怎么去落地。其实，营销也需要中医之道，可以从三个方面来剖析。

营销和中医究竟有什么关系？

中医理论认为，人体具有自愈或者说自我调节的能力。人体左右对称共有24条经络，生病是因为某条经络受阻，并通过某些症状体现出来，告诉人们某个地方病了，从而提醒身体的自愈者注意这个地方的疾病，并去治疗它。每一味中药都像是对应经络的解决方案，吃中药是为了疏通经络，启动人体的自愈机制。

每个人都有自愈能力，虽然我们意识不到它，但是身体当中确实是有“自愈者”，它会调动身体当中所有的能量，当你身体发生问题时，自愈者就会调动身体所有的能量去攻破那些有问题的细胞。

中医之道告诉我们：**向内求比向外求更有效果。**

营销也是同样的道理。营销如果出现了问题，其实是因为受到了外来营销因素的干扰，外来因素导致企业自身具备的“自愈能力”受到了阻障，所以需要“吃药”进行疏通。企业和我们的身体一样，需要保持“经络畅通”，这样才能实现业绩增长。

案例 CASE 团购平台下，线下店铺正在丧失营销的自愈能力

我们经常在许多餐饮店看到饿了么的海报，海报上有“下载 APP，首单免 22 元”的广告语。饿了么平台通过这种方式与线下店铺达成合作，线下店铺为他们推广，他们通过平台帮线下店铺引流。

顾客如果想得到优惠，就会拿起手机下载饿了么APP，在APP上下单，平台再将单分给线下店铺。所以，线下店铺将一个能够持续给他带来利润的顾客带到了饿了么平台，顾客在平台付账，饿了么平台收取一部分佣金，本应全部属于线下店铺的一部分现金流归饿了么所有。

线下店铺不仅帮饿了么做了免费推广，还将自己的顾客拱手让人，当线下店铺在饿了么平台开通线上店铺时，还要向平台支付佣金，且一旦和平台绑到一起，仅依赖团购平台的营销力量，线下店铺将会十分被动，最终丧失自愈能力。

电子商务行业的“营销之道”，几乎都是建立在对传统行业的“掠夺”的基础之上，他们想尽一切办法从传统行业身上挖掘利润，但是传统行业的老板却茫然无知，甚至没有丝毫的戒备心，致使自己的经营陷入困境。他们不清楚互联网时代下的生意该怎么做，因此在互联网经营模式中节节败退，最终敬而远之。

互联网平台型餐饮出现之后，传统线下店铺的份额就受到了挤压。如果传统餐饮店没有意识到这一点，盲目引进平台型餐饮机制，最后会使自己的客户变成了他人的客户。

今天，互联网营销从线上店获得资源的成本已经远远地超过了线下，从2016年开始，许多线上店已经转到线下，他们要守住每一家线下店，严防死守，激烈竞争。

所以，传统企业真正的经营之本不是依托于外部的网站，向外求援，而是要向内自助，启发身体免疫能力的工作机制，通过自身的资源、能力价值的提升，让生意好起来。

营销的经络究竟是什么？

中医里，自愈者的载体是人们的身体，其主要治愈的是人体的24条经络。店铺是企业自愈者的载体。因此，如果营销出了问题，就是店铺出了问题。我们要按中医之道来“治愈”店铺，就要了解店铺营销的经络究竟是什么。

店铺营销一共有三条主要的经络，我把它们称为店铺营销三部曲：

第一步，把未知客户变为已知客户。

已知客户有可能是老客户，有可能是新客户。要知道，竞争从客户看到广告的那一刹那已经开始了。如今，人们完全可以通过线上进行交流，公司可以通过线上推广。所以，一个智慧型门头非常重要，能够让企业更有效地从竞争对手中抢夺客户资源。**智慧型门头让你与竞争对手的战场前移到广告端。**客户进来了，“血液”开始流动，第一道“经脉”已经打通。

案例 CASE　二维码智慧门头

下图是一款营销型门头，也叫智慧型门头，在门头上面放一个二维码，下面写一行字“香！领个券”，看到这么有趣的门头，顾客会本能地拿出手机扫二维码，毕竟领券就是有优惠的意思。而只要客户扫了码，输入联系方式，领了券，就变成了已知客户。当这家餐饮店下一次做促销或开分店时，就可以精准地通知到领券的已知客户。

第二步，把已知客户变为消费者。

客户进到店里来，不代表就一定会完成订单，原因可能是店内营销出了问题。解决店内的营销问题要做好三件事：

第一，陈列。店面的陈列至关重要。店面陈列做得差，客户体验就差，再好的东西也很难卖出去；反之，店面陈列做得好，对营销大有裨益。机场店面的东西卖得非常贵，但是面对来去匆匆的过客，他们却能营销成功，最重要的一个原因就是店面陈列做得好，几乎把所有的最好的产品都陈列出来。比如一家服装品牌店，衣服都是熨烫过的，完全没有皱褶，上身就能穿走。出色的陈列能够最大化地吸引受众的眼球。

第二，营销道具。以广告快印店为例，通过营销道具的展示，可以让每个到店的客户，都能找到与自己行业对应的营销型印刷品的策划方案及成功案例。比如餐饮行业的菜谱、传单及优惠券；房地产行业的售楼书、海报、名片及 DM 单；旅游行业的行程手册、景区地图；商协会的会刊；传统企业的产品册，等等。

第三，营销人员的话术。受过专业训练的销售人员，知道如何与客户保持安全距离，并在适当的时候用适当的话术引导客户，实现交易。

比如在服装店，当顾客已经表示想自己看看的时候，店员依旧跟在后面，不断推销产品，势必引起顾客反感而选择离开。正确的做法是不跟随，这并不是放任自流，店员可以在适当时间对客户说："这是我们当季新款，很适合你，要不要试一试。"这句话很重要，可以向盲目的顾客传递出一种信号，让他瞬间锁定这个商品。一个优秀的销售，应该能够在第一时间让客户体验专业的服务。所以话术很重要，可以让店员进行有的放矢的营销。

店内营销就是包括陈列和语言环境所创造出的一种舒适感，从而将已知客户变为消费者。这是典型的“向内求”的方式，是疏通店铺营销第二条经络的重要手段。

第三步，把到店客户和已成交客户转变为渠道。

在移动互联网下，可以采取分享营销的模式，以奖励的方式让客户成为代言人，从而把到店客户和已成交客户转变为渠道。

所谓分享营销，实质是按照结果付费的口碑营销。经营一家店，口碑比什么都重要，一旦失去好口碑，正向口碑变成负向口碑，就会使企业陷入灭亡的境地。

案例 CASE 鸿茅药酒的负面口碑事件

鸿茅药酒一直宣称自己是由几十味中药炮制而成，任何人都可以喝，还专门请了广州一位颇有名望的中医师为其站台。

中药虽没有西药的药效强烈，但有自身的药理，不同中药之间还可能会产生相克的反应，是药三分毒。

所以当某位医师明确提出“一个健康的人如果去喝几十味中药，是否会出现问题”的疑问后，瞬间给鸿茅药酒以重创，使其所塑造出来的正向口碑尽数成为负面，鸿茅药酒几乎面临灭顶之灾。

任何营销都是建立在产品和服务质量的基础之上的，有好的产品和服务才能进行正向口碑传播。为客户提供优质的产品和服务，客户才会愿意成为产品的代言人，帮助传播。当口碑传播可以为客户带来更多收益时，毫无疑问，所有人都愿意参与营销。

所以，打通这三条“经络”，企业就可以通过自愈力，通过“向内求”的营销方式，让业绩更上一层楼。

案例 CASE 李宁“向内求”，让营销焕发新机

传统企业要突围确实困难重重，许多品牌在竞争中纷纷败下阵来，比如美特斯邦威、达芙妮等品牌，一年之内关了许多店。为什么会如此？因为他们采取的是“向外求”的方式。而中国自有品牌李宁就选择了“向内求”

发展的做法。

在 2017 年的业绩报告中，李宁先生分享了他的盈利营销方法：增加客户到店的互动性，增加到店客户对品牌的传播，增加到店客户的分享营销属性，让李宁的品牌和新产品，在这一类客户的朋友圈迅速发酵和传播。通过“向内求”这一最有效的方法，李宁让自己的经营焕发出新的生机。

我相信，启动店铺营销三部曲，会使更多企业打通营销“经络”、激活自愈能力，使生意由内而发地有所起色。

提升营销自愈力的外部力量是什么？

当免疫机制受阻时，身体的能量有限，自愈力就会变弱，身体恢复变慢；当一个人天生体质弱，其自身的自愈机制也不会很强大，自愈治疗效果不明显，身体恢复同样会很慢。所以提升自愈力，有时还要借助外部的力量。那么提升营销自愈力的外部力量是什么呢？这里提供两个思路。

第一个思路是**商家联盟**。要想创造更多的财富，首先要联合更多的商家，彼此之间共享客户。许多零售行业的老板将生意做到超市当中，因为可以利用超市的外部能量。一个人开一家店拥有的是个人的能量，把生意放到市场，当中有一百家店可以为我所用，这两种营销方式造成的效果是完全不一样的。你的产品进驻沃尔玛、大润发等大型商超，你用到的就是整个商超所有供应商的能量，比你在街边开个小店自然就会好，这就是借用外部能量。

第二个思路是共享卖场。这是一种巧用可分配资源的模式。单纯的互联网思维局限于产品，商家利用资源分配的思维，辅以互联网的订单系统与支付手段，这虽然让共享这种历史久远的商业模式得到转型，但是在产品的消费模式上并没有多少创新。

共享卖场是回归传统店铺，同时打造虚拟购物场所，实现场地和消费者渠道的共享。比如一个 2000 平方米的健身房，共享的应该是这 2000 平方米场地，而不是机器。健身房的共享卖场应该打造成为以健身器械为纽带，以健身场所为平台的所有健身者参与其中的游戏，所有消费者都可以在其中进行沟通、交流，创建连接。

营销有自己的中医之道，营销要向内求，不要向外求，免费的网络营销我们可以做，但切记不要被相关的互联网平台“绑架”。企业要懂得提升自己内部的免疫机制，打通三套“经络”。相信拥有自愈能力的企业，其营销立刻会发生巨大的改观。

Chapter 4

传统企业和互联网企业的本质区别

随着互联网、电子商务的不断冲击，传统企业目前面临最大的困境，是转型升级困难，这会导致业绩不断下滑。我们看到，如今实体店频繁倒闭，商场生意冷清，顾客稀少，越来越多的人热衷于网上购物，就连吃饭，大部分年轻人都是通过上网解决。

网上购物逐渐从一件新鲜的事物，变成人们日常生活不可缺少的一部分。

没有任何一家传统企业愿意被互联网时代淘汰，每家企业从创办的那一刻起，都希望能长久地走下去，能够越做越好，建立自己的品牌。面对如今的互联网趋势，传统企业应该向互联网企业学习，不是简单地借鉴他们的方法，而是学习他们的思维模式，找到原点，找到最核心的地方，然后加以利用，实现微创新。

如果企业生产的产品和提供的服务与同行相同，只能获得行业的标准利润，企业做微创新，或者颠覆性创新，才能获得超额利润。“新广告、新营销、新策划”理论，能够让客户耳目一新。

传统企业和互联网企业的本质区别

在移动互联网时代，作为传统企业，比如一家制造企业、一家建筑企业，应该如何去做营销？

2014年，万达、腾讯、百度三家巨头联手打造“腾百万”组合，宣布共同出资50亿元，在香港注册成立万达电子商务公司，全力发展O2O电商商务模式。但在两年后，这个电商公司悄然散伙，“腾百万”宣告失败。万达的实力雄厚，又是和顶尖互联网公司合作，投资巨大，如此都做不成理想的电商模式，一般的企业更没有勇气去尝试了。

我们看到很多做了20年、30年、40年的传统企业，他们在所属的行业领域已经做到顶峰，比如中国顶尖的房地产公司，比如奔驰、宝马这样闻名世界的汽车销售公司，但是他们依然主要依靠传统的营销手段，如参展，还依然靠简单的秀场去吸引客户。在这些企业身上，很少看到移动互联网的影子。

所以，能生产豪车的企业，不见得会卖豪车。大家首先要有这样的认知，不要自我设限，不要限制想象力，要意识到自己的强大之处，开放自己的思维，这样你就会明白，原来营销真的如此简单。

传统企业的营销是从线下开始的，一些适合于互联网公司的营销思维可能并不适用于传统企业。如果投入大量资金去做不适合自己的电子商务和互联网应用开发，不但耗费大量人力、物力、财力，最后还可能只有一个归宿：失败。

如果营销回归传统企业的原点，回归产品和卖场，回归目前已经拥有的客户资源，一旦电子商务和互联网技术应用以这些资源为着眼点，那就能确保成本最低，甚至在无须增加成本的情况下，达到立竿见影的效果，甚至达到利润几倍的增长。

2017年下半年，李宁公司业绩转好，相信一方面是因为李宁先生的回归，更重要的是李宁公司运用了线下结合线上的营销思维。

传统企业和互联网企业的两大核心区别

第一，客户的锁定。第二，连接。

所有的互联网企业都具备两大基因，而传统企业却缺少这两点。传统企业无论做多大，对客户都没有锁定，锁定客户的过程其实就是把未知客户转变为已知客户。传统企业对客户的认知，仅停留在买了东西的人，买完东西之后，就老死不相往来了。同时，对传统企业来讲，每一个客户都是独立存在的，客户和客户之间并不能创造价值，同时客户也不会成为新的增值渠道。

1. 客户的锁定

互联网企业都有一个显著的特征，就是客户需要先注册ID，之后无论有没有进行交易，只要浏览就会留下记录，下次再登录的时候，就会发现很多相关商品的推送。而当客户进行了交易，就有了联系方式，一般是手机号码，就会定期收到促销信息。

2014 年，我在天猫买过一批酒，2017 年“双 11”期间收到酒厂的促销信息，也就是说我被锁定了 4 年。传统的营销思维，认为走进店里的才是客户，反之就不是客户。

所以，互联网企业与传统企业的核心区别之一，就是创造和客户之间的锁定，这是互联网企业制胜的法宝。如何去学习这样的思维；如何锁定客户；如何在客户进店时，无论买没买东西，都能够获取进店客户的 ID；这些是传统企业转型时，需要营销人员思考的问题。

第一，改变对客户的认知。

很多广告公司都不会正确使用移动互联网营销技术，尤其不善于正确使用二维码。二维码是移动互联网的入口，二维码背后的内容是营销制胜的关键。

如果你是一家教育培训机构，可以在原来的广告上加上二维码，扫码注册领优惠券，或者领取课程的试听券。要让客户在见到广告的时候，用手机扫码，添加注册。这就是“互联网 + 店铺”，把店里的海报、名片、展板、宣传单等广告物料变成一个个虚拟的店铺。

传统企业转型“互联网 +”的首要改变，就是对客户的认知。教育培训机构用扫码来获得一个注册用户；房地产公司可以用扫码获得一个预约看房的客户；汽车 4S 店可以在广告的投放端，例如在海报、在业务员的名片上面加一个二维码，让消费者扫码预约，享受试驾有好礼的优惠。

案例 CASE 建筑装饰公司如何获得客户 ID？

一家建筑装饰公司，在一栋刚建好的三层高的居民楼里，得到了两户装修的客户，如何把其他没有装修的客户也变成自己的客户呢？可以在装修现场放个施工告示牌，在施工告示牌上放一个二维码，二维码上面写上引导话术：我的各种各样户型的装修案例。（具体图例见本书第 152 页案例）

只要扫描二维码，就能了解各种装修案例，你可以利用 VR 全景技术，将效果图立体地呈现出来，让住户产生身临其境的感受，并且只要留下联系方式就提供免费咨询，这样就进行了客户的锁定。

99% 的微信公众号营销都是失败的，因为人们去扫公众号的时候，只要有要求关注这个环节，大多数人可能就会放弃。有人觉得将抽奖放在公众号里，可以引导客户关注，但是客户抽完奖之后可能会立即取消关注。一般的微信公众号，没有办法和客户产生直接联系，而有效的二维码营销应该是所见即所得，从而获得客户的 ID，获得已知客户的认知。

第二，客户的追踪。

如果无法知道有多少人看了广告，那这则广告基本上属于无效的广告。销售就是最大限度地挖掘客户的潜在需求，如果不知道谁看了广告，那广告营销等同于赌博。

因为研究营销的缘故，我去过各式各样的卖场，我发现大部分汽车 4S 店并不清楚适合自己的营销模式。如果改善一点可能就会使业绩实现增长。

例如，在电梯中安放一款奔驰车的二维码营销广告，有客户看了广告，并且扫码进行预约试驾，这个时候，4S 店后台就会记录下客户的信息，就得到了客户的联系方式，销售员就可以马上进行追踪了。

“张先生您好，您预约了本周六下午 4 点钟，奔驰新上线的一款车的试驾，因为我们名额有限，一共只有 30 个名额，我想跟您确认，您是否能够准时出席？”

传统企业营销最大的问题是什么？就是在客户没有进门之前，对客户所有的信息都一无所知，对广告的传播效果一无所知，对已知客户的认知一无所知。

2. 连接

2018 年，我提出一个新的理论，叫作“分享营销”及“共享卖场”模式。这种模式是创建客户之间的连接关系，从而把客户转变成一种新的商品形式。

淘宝、京东最大的价值，不是什么东西都能够在他们这里买到，他们的核心功能之一是共享客户和共享卖场。

一家餐饮企业、一家饭店、一家健身中心，要像淘宝一样思考问题。一家社会化的协会组织、一家商协会，要像京东一样去思考问题。他们的互联网基因是创建连接关系，并把这些连接关系打造成一个平台，所有的客户都可以在这个平台基础之上，去共享资源。

企业要思考如何把客户变成渠道，把客户转变为增值商品。

客户也可以成为我们的一种商品。以前我们对于客户的理解就是客户，商品则是用于买卖的东西，有一天，你会发现客户资源也是商品。这是传统企业要向互联网企业学习的思维方式。

早几年，我曾参加过一个跨界营销和资源整合的培训班，是当时中国一个很有名的大师级人物授课，他讲到一个很有意思的模式。

课堂上，学员如果交钱成为会员，可以把公司的产品和自己的需求写在纸条上，贴到墙上的专区，每个人都可以在这里看到彼此都有什么样的产品，然后按照各自的需求达成某种协议。比如一家饭店和一家米店，可以将饭店优惠券和米进行等价交换。这位大师讲的资源整合就是这样。而如果成为更高级别的会员，可以将纸条贴到全国所有的课堂。可能很多人觉得这很好笑，但是，现场很多学员交了钱，这说明大家都渴望获得更多的潜在客户资源。

这种模式其实很难实现，因为没有人能够跑满培训的全部场次，不然自己的生意就不用做了。而且，彼此之间的信誉也很难担保，产品的质量更是无法保证，价格体系也无法约束。而在新营销的模式下，运用互联网的思维模式，这种模式能够立即实现。

一个商人到底关心什么？所有人都会说，当然是关心商品能不能卖得更好。这就是传统企业的思维，而互联网企业跨越了这个思维，互联网企业打造的思维叫作“共享”。所以，传统企业要想战胜互联网企业，一定要师夷长技以制夷，学会他们的思维方式。

我们来举几个例子：

案例 CASE 共享体重秤

在很多药店门口，都放有一个秤，随着共享经济的发展，有些药店开始打造共享体重秤的概念。其实以前体重秤也是共享的，没人规定谁可以用谁不能用。但是今天的体重秤使用了共享营销的概念，称完体重后，会出来一张二维码的纸条，扫码关注公众号，才能够获得体重信息，还可能获得健康报告。这样做还保护了使用者的隐私。

这个体重秤是怎样实现锁定客户的功能呢？因为只

有在扫描了二维码，关注公众号后，才能知道体重信息，这样客户的微信号就被绑定，成为已知客户。

案例 CASE 共享健身房

共享健身房卖的是什么？是时间。你在共享健身房当中，买到了一个时间段，然后进来就可以使用。共享健身房其实跟传统的健身房没有什么本质的区别，唯一的区别是可以提前买时间，提前预约。

案例 CASE 共享厨房

共享厨房的概念也是这样，可以在相应的时间段预约厨房。现在很多单身白领，因为住房条件有限，又不想准备厨具，但是又想体验一下做饭的情趣，刚好附近新建了一个共享厨房，下班之后，可以在7点到8点之间，预约一个厨灶做饭。共享厨房的概念，无论其模式是在互联网上预约还是其他，终究还是没有跳出厨房的感念，除了做饭，它没有第二个功能。

“互联网+”思维的“+”是什么，“+”是锦上添花，就像菜上面加盐、加香油、加花椒面，需要适量添加，加多了可能就改变了这道菜的原本风味。

Chapter 5

小名片，大作为

名片，是一种传递信息的介质，交换名片是工作中重要的环节。在店铺所有的广告营销模式中，发名片是最简单实用的方法，是每一天都会去做的事。一句话，名片是生意的起点。

但是，随着移动互联网的飞速发展，传统名片的影响力正在逐渐减弱，越来越少的人发名片了。那么如何设计名片，如何让传统的名片借助新营销工具，发挥出最大的营销价值，甚至能主宰营销呢？

传统名片的价值和存在的问题

网上流传着各种名人的名片，有美国总统特朗普做生意时期的名片，有马云创建阿里巴巴初期的名片，也有马化腾的名片……网上曾有个段子，有人把马云介绍给李嘉诚，李嘉诚喊着问：马云是谁。直到今天，就算名气再响，同样需要发名片。

所以，名片依然是生意中非常重要的工具。当陌生客户进店的时候，要做的第一件事情是发一张名片认识一下。但是，所发的名片能不能起到想要的效果，能不能让人当场就把名片上的联系方式存到手机里，如果不能，那名片面临的命运就是被随手丢弃。

虽然如此，但是不发名片又不行，所以如何让名片变得更有价值，过去的名片承载着作为生意起点的使命，在整个营销过程中扮演着重要的角色；而在移动互联网时代，名片不但要扮演营销角色，更要扮演整个企业品牌宣传传播的角色。

微信无法取代名片

随着微信的普及，很多人不发名片了，见面就问微信，但是微信能取代名片吗？显然是不能的。那些认为微信可以取代名片的人，根本不懂名片营销的价值。**微信只是一个工具，一种传播的渠道和载体，它永远不可能取代名片，**

名片反而可以借助微信的传播变得更有价值，实现裂变，成为真正的营销起点。

过去发名片给客户，一张名片能够展示的信息只有联系方式，包括地址、电话、姓名、公司的名字。而今天，可以通过名片得到更多的信息。微信在整个营销的过程当中，所扮演的是新渠道的作用。所以，我们要学会利用微信，而不是让个人微信代替名片。

案例 CASE 牛云微名片

互联网时代，在名片上放一个二维码，客户用微信扫开这个二维码得到信息和内容，这就称为“电子名片”或者“微名片”，也就是在传统名片的基础之上，通过互联网技术的植入和升级，把传统名片变成微名片。它变成了一个互动多媒体，可以展示无限的内容，包含视频、声音、文字，不受空间幅面的限制，可以进行互动营销，激发客户进行转发和传播。

名片的价值原点发生了转移

过去，名片的价值就是显示联系方式、地址，或者公司的名字、营业项目，有些名片做成两折、三折，可以把更多的信息印到上面，但是，名片就这么大，就是再折腾，展示空间也极其有限。微名片的价值不一样，它具备了崭新的功能，由原来单一的信息传递转向互动营销，能够获得客户的认同，并且引导客户到店交易。

名片怎么做才有效

营销，从递出名片的那一刻就开始了。微名片让你在递出名片的那一瞬间，就已经超越了竞争对手。

1. 名片上要放营销型二维码

通过一句“你给我方寸，我还你乾坤”，可以完美体现微名片的价值。借助营销型二维码，用真实的互动多媒体的形式呈现企业产品的核心功能。

案例 CASE　地产楼盘顾问微名片

从前，一家房地产售楼处为了让顾客多方面了解楼盘的概况，需要通过名片、海报、道旗等各式各样的广告印刷品来展示。但是，由于幅面的限制，永远无法将真实的

楼盘场景呈现给客户，再强烈的平面视觉冲击都不如让客户身临其境。如今，一张微名片就可以展现楼盘的全部，通过成熟的 VR 技术，可以多角度展示楼盘的真实场景，更容易吸引客户。

2. 新名片要具备两大特征

新名片要具备两大核心特征：**场景前置和优惠前置**，目的还是把未知客户变为已知客户。

案例 CASE　健身房销售总监微名片

第一，场景前置。

只用二维码做名片，还远远不够。因为人们在阅读名片的时候，名片的幅面比较小，视觉上引起关注的可能性并不大，同时，由于名片是用于与陌生人接触的过程当中传递信息，彼此间的信任感还没有建立，所以，需要通过营销功能拉近彼此距离，从而建立牢不可破的关系。

广告就是创造一种场景，让客户无限接近场景，若能身临其境，就是广告的最高境界。一家饭店最有效的广告，是向顾客展示真实而舒适的就餐环境、干净的厨房、厨师娴熟的烹饪技术、精美可口的饭菜，这些无法通过简单的图片来呈现。

西方很多餐厅，使用动态视频广告来呈现真正的效果，过去这种广告只有通过电视广告才能呈现。但是今天，一张微名片就能变成一个广告直播平台，把平面的小广告变成互动多媒体，变成场景的入口，具备场景的展示功能。

第二，优惠前置。

优惠永远是营销的“撒手锏”，广告就是传递优惠信息的载体。判断一个广告是否有效，需要和优惠力度相捆绑。但不是所有的优惠都有价值，因为传统广告的优惠，一定要客人到店才能享受。

优惠前置是让顾客在进店前就得到优惠信息，从而大大提高顾客的进店率。顾客领到优惠的时候，销售价值就得到提前实现。通过转变销售场景，打造共享广告场景，进而实现客户资源共享，实现跨界营销。跨界营销不是理论，是在具体的广告技术的模式之下，实现客户之间有效的共享和转移。

案例 CASE　净水机如何做营销

社区里经常有很多品牌的净水机在做促销活动，上门免费检测水质是净水机厂家常用的营销方式之一，如何从众多品牌中脱颖而出呢？很简单，在净水机的宣传单上面放上二维码，二维码下面写上这样一句营销话术：想知道你的水是否健康吗？扫码免费检测水质。所有人都会为水质安全担忧，所以当这样的宣传单发到客户手里的时候，客户看见净水机商家能够免费提供检测，肯定会眼前一亮。

这样的营销更加有效。二维码变成了互动营销的入口，原来的平面广告变成了互动多媒体广告。当客户扫描二维码，我们就采集到了客户信息，与客户建立了连接关系，可以让销售团队进行客户追踪。

通过优惠前置和场景前置，客户一旦在线申请优惠，就会被锁定，由未知客户变成了已知客户，也就是说，他由一个看广告的客户，转变成了一个潜在的消费者。你知道你的客户是谁非常重要，就和你在战场上知道敌人是谁，在商场上知道竞争对手是谁一样的重要。

当一个名片具备了场景前置和优惠前置的功能，而且图片精美、文案精彩，就已经具备了新名片 90% 的功能。

名片怎么发才有效

第一步，让客户扫码保存名片，并主动介绍产品。

发名片给客户的时候，一定要充满自信。如果没有勇气介绍产品，那说明你对产品缺乏最基本的信心，成功的人一定都是对产品充满信心、对企业充满憧憬的。在自信的基础上，唯有充满强烈的渴望，才能打动客户。

客户接到名片时，你应该非常自信地介绍道："张总，这张名片和以前的名片不一样，上面有个二维码，您扫一下，一键就可以把这张名片存到手机里，你不用录入文字。以后您再找我的时候，随时可以在手机上找到我。此外，这张名片的二维码里面有我们公司的产品介绍，产品的市场反响特别好，我相信一定可以帮到您。"

所以你在发名片的时候一定要立刻在现场发起邀约，让客户马上拿出手机扫码，一定要看着他拿手机扫你的名片才可以，不然所有的营销心血都白费了。因为，尽管客户保存了你的联系方式或者微信，但是一段时间后，他很可能想不起你是做什么的。所以为了日后能够让客户想起你，需要你督促客户通过扫码，对公司的产品和服务有一个基本的了解，建立初步印象。

第二步，让客户领取优惠券。

名片一定要有优惠券的功能，如果没有，说明名片做得不完美。

案例 CASE　红酒名片

如果你是一家红酒经销商，为一场 300 人的活动提供酒水赞助，得到 3 分钟发表祝酒辞的机会，那你就不应该过多寒暄去浪费宝贵的时间，而应该直入主题："这款红酒来自法国的波尔多产区，原价 688 元一支，今晚非常有幸能够结识在座的老板，买一支送一支，同时大家还可以扫描瓶身的二维码，获取优惠券，只要在 10 点钟之前下订单，还能享受更多的优惠。"这样，购买红酒的客户就会留下手机号码，你就把未知客户变成了已知客户，从而让营销的期限延长，有机会开展二次营销。

移动互联网时代，我们需要掌握精准的广告玩法，广告转化的手段、模式，接收广告的消费人群以及他们获得广告信息的渠道。做对名片，发对名片，让业绩倍增。

Chapter 6

如何用互联网思维经营好一家小店

“小店”是最贴近人们生活的企业群体，从超市百货，再到饭店、酒店和街边小店，这些都可以称为“小店”，全国4300万家中小企业，其中绝大部分的财富转化、商品交易和服务提供，都来自小规模店面。

小店遍布于城市的各个角落，坐拥着庞大的市场需求量，但是，如今越来越多的小店面临经营困境，钱没有以前好赚，经营模式落后，还容易受到平台和地域制约。这是什么原因造成的，又该怎么解决呢？

如果你正在经营一家店铺，绞尽脑汁却还是赚不到钱，又没有好的方法，看完以下简单而实用的三招，你一定会有所收获，新营销理论能够让你快速明白店铺的经营策略，用互联网思维迅速提升财富。

做有创意的“店招”

经营一家企业会面临各种问题，但归根结底，所有企业的核心问题都是营销问题，经营一家小店更是如此。所以，要解决小店的营销问题，首先，就要从店招——店铺招牌，这个企业的第一块广告开始着手。

店招，是城市商业的灵魂。

美国的纽约时代广场是全世界最繁华的商业街之一，在纽约第五大道，最耀眼的莫过于 24 小时永远都在播放的 LED 屏幕广告。这些招牌似乎永远不会关闭，它们有着各种各样奇形怪状的尺寸，有的甚至整栋楼就是一幅广告。无论是 LED 的招牌屏幕还是其他的平面广告招牌，可以说是百花争鸣，争奇斗艳，效果特别震撼，呈现出勃勃生机的繁荣景象。

近几年，随着城市越来越注重市容市貌的美化，店招在升级工程中不断地被统一化、规范化，同一条街道上，店招的差异化越来越小，有时甚至让人分不清。

记得有一次在内蒙古，我和学员一起去吃饭，就遇到过这样让人哭笑不得的事，这名学员想趁酒菜没上桌之前，去买只炸鸡回来助酒兴，但出去半天，回来时却两手空空。他解释说，以前开车过去，看到炸鸡店的店招，就会自然而然地一踩刹车，两三分钟就能买完炸鸡。原本很顺利的事，但因为街上所有的店招都变成统一的黄字、黄底，卖菜的、开饭店的、理发的和卖服装的，这些店的店招统统都是相同的样式，非常难辨别，所以他来回跑了几趟，愣是没找着那家店。

所以，统一的店招没有辨识度。在这样的情况下，如何去做好一个店招？

去年我去日本旅行，看到很多几平方米、十几平方米和二十几平方米的小店，店招都做得非常有特色，都有自己的亮点，所以哪怕顾客离得很远，也能从一条街上的20多家店中，轻易找到想去的那一家。

虽然我们不能像美国纽约时代广场这样，做夸张的店招，但是也应该像日本的小店一样，拥有一块有特色的店招。

1. 店招的目的是什么呢?

第一，与众不同。

人们穿着不同款式的服装，深层次的需求之一是为了体现人与人的差异，可以轻易地识别一个人。店招也是同理，店招是店铺的衣服、店铺的识别标识。所以，首先这件衣服要有特色，如果每个人都是白衬衫、蓝裤子、白球鞋，都一样了，人们的生活也就失去色彩，所以在今天，店招就是需要与众不同。

第二，体现经营元素。

国内绝大多数的企业，都没有自己的标准色，甚至超过一半的企业，没有自己的品牌，VI 的东西也没有，当然这些是需要请专业的团队来做，当我们没有那么多钱去请策划公司做专业的标准体系的时候，我们要考虑店招的色系，包括和你的经营范围的匹配度。

比如说餐饮行业的元素，像深圳的“面点王”那个店招就很简单，一个碗，一双筷子，挑起几根面条出来，让人离很远，一看就知道这是一家小饭店。还有像“真功夫”的店招，除了这个标志性的功夫造型外，还有门口的那一双筷子，这两支一人高的大筷子往那一放，你一看这个门，就知道这是“真功夫”。

所以说，一个有特色的店招应该能够呈现出行业元素，这会使店铺的营销价值完全提升到另一个档次。

2. 要体现店面的设计元素

现在很多店面的店招做得都不尽如人意，缺乏店面的设计元素，只有很简单的底图和文字，很难吸引客户，我认为造成这种现象有以下三个原因：

老板自己没有意识；

广告公司没有意识；

不愿投入更多金钱。

优秀的店招具有卓越的营销传播元素，这些特色会形成一个符号。比如黑色高领衫、牛仔裤和运动鞋成为乔布斯的特色。同样的，店招也需要变成店铺的符号，成为塑造店铺形象的灵魂，在人们没有进入你的店之前，首先被店招给吸引来，所以店招是经营好一家小店的第一要务。

要请优秀的设计公司帮你设计一个有特色的店招，在店铺资金调配上，优先考虑做好店招。有特色的店招会让你成为一条街上的亮点。大部分人从那条街上走过，脑子里都会有印象：那条街上有一家那样的店。能给别人留下印象，你就成功了。

这是我们讲到经营一家小店的第一个元素，听起来简单，但往往是平常最容易被忽略，或者找不对方法的。那么接下来，我们看看第二个元素——店面环境。

创造拍照的环境和条件

在不做网络营销推广，不做自媒体营销，也不在电视或报纸上投放广告的情况下，一个小店，还能如何做营销？我现在来教你这个窍门。

首先让你的店，拥有一个吸引别人拍照（也就是网上说的“打卡”）的话题背景。

案例 CASE 丽江是怎么出名的?

丽江最吸引人的地方是古老的纳西文化，包括纳西特色的房子、休闲的酒吧，以及云南特有的民族色彩和文化，这些文化糅合成一些商业业态，很容易被游客当作拍照的背景，进行传播。

丽江有一个酒吧，几乎所有走到那家店的人，都会停下来驻足拍照。这源于一个非常有意思的场景，原来那个酒吧的整个外墙都用木板钉了起来，每一块木板上都写了一句非常有意思的句子，这些句子不断吸引游客，酒吧的外墙成为拍照打卡的点。丽江有很多这样的地方，各种点的交织成就了现在的丽江。

案例 CASE　江小白是怎样营销的？

“江小白”是重庆江小白酒业有限公司旗下江记酒庄酿造生产的一种自然发酵并蒸馏的高粱酒品牌。江小白能火起来跟砸钱做广告有直接关系，通过全国铺货，让投资商愿意投资江小白。然后营销宣传就是利用了酒瓶的外包装（表达瓶），这也是江小白独有的特色。瓶身印刷的“扎心”的网络语言，引起了共鸣，让人愿意去拍摄“打卡”，并在社交媒体中分享。从扫江小白瓶身上的二维码，生成自己的感受，到分享朋友圈，这就是创造一个拍照的环境，所以营销的传播非常快。

小店是怎么吸引人拍照的?

一家店铺要有特色才能吸引人们驻足拍照，尤其是在社交媒体很火的网红店，他们的成功都是源于老板对于角落和场景在拍照吸引力上的巧妙利用，为了达到更好的宣传效果，老板甚至会主动亲切地一起合影。

我去丽江的时候，当时到了一家酒店，这家酒店很有特色，整个布置在丽江也算排在前面的。酒店老板很热情地出来跟我一行打招呼，并与我合影。我将这张照片分享到朋友圈，并附上“大家下次有缘再到丽江去旅游的时候，记得光顾这家小店”。分享者的朋友圈当中可能有几百，甚至几千好友，那么这么一个小小的、一个简单得不能再简单的行为，一下子就会在成百上千好友当中传播，人们就会知道在丽江有这么一家小店。

上面是一种做法，还有另一种做法。比如跟客户聊开了，送了一杯茶、赠了一支酒，可以把店铺的名字、特色甚至联系方式印在赠送的礼品上。如果客户通过拍照的方式在社交媒体当中分享出来，这就形成了一个精准的定向投放广告，可以精准到客户朋友圈当中的每一个好友，让一个广告有可能得到成千上万的分享曝光。

一旦创造了拍照环境，这个环境本身，它就形成了一个巨大的广告效应，这个广告效应在移动互联网时代，一旦被引爆，那么客户就转化为渠道，带来的收益与传统广告相比将是天差地别的。

把客户转变为广告渠道

很多传统企业往往没有意识到线下店每天客流的营销价值。

面对互联网竞争，下面两家企业有着不同的做法。

案例 CASE　天堂伞

前段时间我到杭州去培训，需要买一把天堂伞出差用，顺便也帮家人买两把，当时刚好旅行箱塞满了，就去问服务员有没有官方网店，想在网店上下单，直接寄回家。结果服务员表示，网店没有专卖店里卖的伞，网店上只卖便宜的款，因为大家在网店上都喜欢买便宜的东西，所以为了跟那些便宜的雨伞商家竞争，在网站上放的永远都是很便宜的产品。这就是传统企业的问题，天堂伞没有将线下顾客引流到自己的官网。而是利用天猫和京东的网店平台，参与他们的竞争，把自己的客户拱手让人。

案例 CASE 7天连锁酒店

在这一方面，7天连锁酒店的做法就显得出色很多。早期的7天是跟携程合作的，通过平台得到了大量的流量。但很快，他们就意识到了自身线上扩张的重要性，于是他们迅速搭建了自己的官方网站，同时会把线下店的客户，引导到官方的APP上下单，并使用“打折+送早餐”的优惠方式，迅速聚集属于自己的客户资源，这就是把未知客户变成已知客户。

客户资源就是利润资源，自己的客户必须要牢牢把握在自己手里，但要建立自己的渠道，把客户留下来，就需要创造吸引客户的条件。比如说一个服装品牌打算推一个新系列，可以做一个广告告诉消费者，到店购物，可以享受的优惠。将此广告分享到朋友圈里去，就可以得到优惠券，而且运用这个广告的二维码链接，可以把整个系列的服装展示上去，配合一段优美的文案，刺激消费者主动分享到朋友圈。

任何的店铺，必须要有将消费者转变为广告渠道的意识。互联网的第三方平台，包括京东、天猫，其实并不是抢走线下店的生意的“元凶”，真正抢走生意的，是陈旧的思维模式。线下店独有的体验是线上无法匹敌的，如今的线下店只需要经营好自己，创造好的分享营销环境，打造一套将到店客户转变为广告渠道的模式，把这三位一体搞定，那么店铺的业绩立刻能够出现爆炸式的增长。

Chapter 7

共享卖场 + 分享营销 = 裂变式创业

互联网时代，新兴词语层出不穷，一个突出的词语当属：裂变式创业，这是一种互联网商业模式。互联网行业兴起以来，一直是商业模式的引领者，传统企业受到互联网企业的冲击，亟须认识到互联网的威力和价值，迅速将互联网模式嫁接到自己身上，寻求更大的突破。

我们可以把全国 4300 万家中小企业理解成 4300 万个店铺，这 4300 万个中小企业，如何在不投资互联网，不组建互联网营销团队，然后利用互联网时代已经成熟的工具和思维体系，进行升级和改造？这其中的关键就是营销，通过营销的升级，带动广告的升级，实现裂变式增长。

所以我们可以得到一个结论：共享卖场+分享营销=裂变式创业。

这是传统企业的基因，结合互联网思维的技术解决方案。这个模式运用得当，可以省去聘请专业互联网营销团队的成本。整个模式可以从三个组成部分来阐述：第一个是共享卖场的营造；第二个是分享营销的传播；第三个就是裂变式的创业。

共享卖场

1. 共享卖场的概念

共享卖场：意为所有参与者的游戏，有别于互联网领域的共享模式。

首先看互联网的共享模式，比如共享单车、共享汽车等，这些本质上是运用一种分享资源的思维，通过结合互联网的订单系统，把“租赁”这种古老的商业模式，重新做出一点调整，放到线上。所以，可以看出来互联网本身只是一个工具，本质上和客户互动的还是实打实的产品而不是互联网。既然互联网是一种工具，那么互联网企业能用，传统企业也一定能用。

传统企业如何用互联网工具？

互联网工具对于传统企业来说是一种借势，可以依托于原有的店面、已有的客户资源，借助工具去实现利润倍增，实现共享卖场。

例如，共享卖场就好比一个共享的厨房，但是传统的互联网共享是每个人分时间段使用这个厨房，而共享卖场则是所有人同时使用这个厨房，所有人都可以参与，而且不会互相干扰。

又如，健身房的思维模式一旦停留在场地里的健身器械的时候，思维就会产生局限性；当饭店的思维停留在吃的菜上的时候，会产生局限性；当一个美容美发会所聚集在美容美发产品上的时候，会产生局限性。现在首先要跳开这个思维模式，跳到消费的场景当中去，然后把原来消费的产品变成连接的纽带，这点互联网企业无法做到，但是传统企业可以做到，这是裂变式增长的关键。

2. 传统企业如何搭建共享卖场（以共享健身房为例）

过去的共享健身房是基于器械的共享，在这里我的观点是场地和消费者的共享。这是两种不同出发点的商业模式，带来的结果也完全不同。如果以器械为卖点，它的局限性极大，一旦以场地、人为卖点，它就可以进行无限的扩充，因为人有人脉，但器械只有一个。

健身房的共享卖场搭建可以先从需求思考，比如说人们来健身要解决什么问题？只是身体健康吗？比如，一家健身中心的客户多是注意外在形象的企业精英。在下班后他们会到健身场所健身，但只要他是一个老板，任何时候都忘不了他自身的生意，跑步的时候、锻炼的时候还会想："这笔货款怎么才能收回来？我这个生意怎么能谈下来？"按这样的想法来看现在的健身房，整个场地几乎都是健身房的相关的内容，和健身者没有任何联系。

当客户在健身房提供的场地健身时，就是在消费场景里进行消费体验，这个场地就是消费场景，整个消费体验的焦点也在场地上。现在我们可以共享健身房的场地，比如说这个健身房有 2000 平方米，我现在共享的是这 2000 平方米的空间，把健身中心开放成一个共享卖场，让所有健身会员、产品售卖、营销交流全部出现在这个卖场当中，以这个卖场为平台，在这个平台里将这些要素相互连接，也就是"所有参与者共享的游戏"，所有的参与者来共享这个游戏，这就是健身房的共享卖场。

3. 搭建共享卖场容易陷入的误区

上面提到了把健身房变成所有参与者的卖场，让健身房的会员不仅来健身，还能让自己的产品和其他服务出现在这个健身房当中，那这是不是把健身房变成了所有商品都能入驻的“超市”，让健身房的存在本末倒置了呢？

这就是我们需要改变的思维方式，在移动互联网的时代，就需要转换到移动互联网的思维，我们并不需要把产品都摆到上面，只需要利用移动互联网技术，把这里变成虚拟购物的场所，这将是一个展示平台，而不是菜市场。

案例 CASE 顺丰的共享卖场——“嘿客”为什么失败了？

2014 年，顺丰推出线下店“嘿客”，在顺丰嘿客的门店里，没有产品陈列，客人只通过海报、PAD 等方式浏览展示的海量商品，客户预付货款购买所需商品，并享用顺丰的高质量物流服务。最开始，顺丰嘿客的卖场模式让我眼前一亮，因为顺丰嘿客使用的是虚拟购物的方式。他在一个 KT 板上面印了二维码来描述商品，通过扫码购物；或者是通过店内提供的触摸屏，点击屏幕完成购物操作。这个出发点很好，但是，嘿客失败了，败在了模式的选择，原因在于它的场地选错了。嘿客不应该自己做独立的卖场，在自己不擅长的领域跟别人竞争，而应该把嘿客以合作的方式植入到所有其他的卖场当中去。

4. 传统企业搭建共享卖场的关键

马云说过：未来的30年，属于用好互联网技术的国家、用好互联网技术的企业、用好互联网技术的个人。对于中国4300万家中小企业来说，今天互联网技术的成熟度足以让企业拿来就用，搭建自己的场景，也就是自己的共享卖场，二维码就是搭建共享卖场的入口。

一个健身房，我要让所有的参与者的产品，出现在健身房当中，我说了不是实物，是虚拟购物。比如一个有500个会员的健身房，让会员的产品，按照会员的级别，通过一个5平方厘米的二维码，在健身房当中呈现出来。二维码的拓展性很强，无论多少商品展示都可以放进去。一个健身房就是这样把所有的会员的商品巧妙植入其中，把健身房变成一个所有健身者参与的卖场，所有健身者商品和服务交易的场所，也方便健身房定期举办商业分享沙龙，把一个单纯的健身房变成商业俱乐部，而这种俱乐部不仅仅可以使商家的思维得到交流，更可以带来直接的商品和服务的交易与交流。

一家饭店同样也需要搭建共享卖场模式，餐饮行业每天都有大量的人流，这些人流都是可再次利用的资源。以互联网思维的方式来思考，真正的餐饮行业营销，是如何出租你的卖场，使每一个消费者融入共享卖场当中，跟健身房的营销思维一样。例如，建立一个会员制，如果充值两万元以上，就让企业冠名这个饭店的包厢，包厢里有三个广告位，这三个广告可以展示会员公司的产品。

今天的移动互联网思维，在于如何充分利用场地，完全不需要去扩张卖场面积。比如某充值会员来吃饭，在已成为会员的情况下，可以领取一个优惠券，下面写着一个引导话术——“领个券吧”，一边扫码，一边领券，这个码里面可以有 100 个分类的商家。就是这样的模式，一个码就涵盖了一个共享卖场，与会员制相结合、与预充值的现金流相结合，在完美的会员制体系和现金流体系下，这就是能带来利润倍增的共享卖场核心应用。

分享营销

1. 分享营销的概念

分享营销指的是按结果付费的口碑营销。

在没有广告、没有电视、没有报纸的时代，我们要得知一个企业，靠的是口口相传的口碑。如今很多宣传手段也需要借助口碑的力量，不过相比过去成本就大了不少。现在没有人愿意去帮别人做免费的口碑，那么只能付费，所以在今天衍生出一个解决方案就叫分享营销，为口碑宣传付费、为客户引流付费，这就是典型的分享营销。

分享营销，同样也是一个所有参与者的游戏，任何一家企业都必须要找到适合自己的分享营销模式，因为分享营销是把老客户转变为广告渠道和消费渠道的有效方法，通过分享营销的技术，可以精准地识别客户来源，让参与者可以据此获利，与共享卖场环环相扣。换一个角度理解，比如即使我没有买某房地产公司的房子，但我觉得这家房产公司房子很好，也可以为其做代言，愿意跟身边的朋友说这个房子不错，如果这位朋友成交了，那么这个买卖就和我有关，理论上讲，房地产公司应该付钱给我，因为我帮房地产公司带来了一个精准客户，这就完成了一次分享营销。

同样以健身房为例，来健身房健身的会员，同样可以用分享的方式给健身房带来更多客户，比满大街发宣传单更有效，真正的做法是把服务做好，把环境做好，把产品做好，然后鼓励每一个已经成为健身房会员的人，让他们带动身边的朋友到健身房来健身，并给予回报。可以通过现成的技术生成一个二维码的海报，只要在朋友圈里分享，并说："我正在这里健身，你也可以来体验。"任何人只要一扫码成为体验会员，这个客户就完成了一次口碑分享，系统会自动锁定。

2. 分享营销的奖励方式

爱占便宜是大部分人普遍的心理，所以商家可以利用奖励来刺激分享，在推荐人拉到新客户并充值成功后，可以有几种奖励方式：

第一种，佣金方式，使用比较普遍的是支付 20% 的佣金。假如说充一个会员价值 2000 元，其中的 400 元可以给到推荐人。

第二种，就是延长推荐人会期，每分享成功一个，就延长一段时间，可以一直延期。

第三种，通过积分兑换礼物，每分享成功就能获得积分，用于兑换相应奖品。

当你拥有一个卖场，不管是服装店、健身房、建筑装饰公司、房地产公司还是汽车 4S 店，包括各种各样的教育培训机构，无论是什么样的商业模式，都能找到一个适合自己的分享营销模式，设置一个标准，然后迅速把客户转变为渠道，这是最有效而且成本最低的方式。这就是分享营销的神奇之处。

裂变式创业

1. 裂变式创业的概念

裂变式创业是任何人都可以参与的创业模式。它是上文提到的共享卖场和分享营销带来的结果，遵循的也是经济学的原则：成本最低、利润最大。

李克强总理提出：大众创业，万众创新。这个“大众”

是谁？指的老百姓、大学生。在未来的互联网经济大潮下，将会涌现一轮大学生就业新业态，大学生在创业的时候会依托已经成熟的传统企业，在互联网改造的模式下参与新的分配。简单来说，就是传统企业利用互联网思维进行升级改造，实现了分享营销的模式，而作为大学生来讲，可以利用这种“分享 + 营销”的模式，参与到传统企业的营销，利用自己的付出和创新来创造自己的财富。这些新创业者可以共享这家传统企业的平台和服务，在不组建一家新企业、不创造一个新平台、不投资一个新团队的情况下，利用一个成熟的卖场、成熟的团队，来帮他去贩卖；同时，通过广告渠道，为传统企业带来生意，然后按照结果来获得利益。

传统企业用共享卖场和分享营销的模式，进行了创新，成熟的企业平台与成熟的互联网技术相嫁接，通过共享卖场和分享营销的解决方案和手段，让更多的人参与到这场伟大的创业当中来，这就是“大众创业、万众创新”的一种体现。

2. 裂变式创业的思维运用

如何让你的商品出现在别人的店里？

客人分布不均，是商业街的店铺经常会面临的问题。即便商业街人流很多，但是你的店铺生意可能依然不温不火，因为客人都在别人的店里。所以商业竞争的本质，是如何把别人店里的客户变成自己店里的客户。要解决这种问题，裂变式创业就带来了一种新的模式，就是大家共享的游戏模式。

每家店都有自己的局限性：场地的局限、服务的局限、生意的局限，等等。经常会听到老板反映说生意遇到“瓶颈期”了，这个“瓶颈”就是思维的“瓶颈”。利用共享卖场和分享营销的模式，任何行业都可以突破“天花板”和“瓶颈期”。我们首先要从思维上突破，比如你所经营的产品中：房地产不仅仅是房子，餐饮行业不仅仅是菜肴，一家健身中心不仅仅是器械，每家店的客户资源也是重要的商品资源，通过共享卖场，将客户输出到非竞争伙伴当中去，而在输出的过程当中，利用分享营销的模式，按结果收获报酬。

通过这样的方式，一家店立刻裂变成无数家店，卖场也能以虚拟卖场形式呈现出来。比如说，你的产品出现在这个城市中 100 家健身房的共享商品墙上，你就等于在

100 家健身房当中开了 100 家分店。在现代移动互联网的冲击下，我们要利用虚拟思维去开店，然后借助互联网平台、移动支付手段、物流网络，来实现盈利。

在今天你要脱离固有的思维模式，去感受移动互联网带来的伟大变革。如何理解共享卖场？如何巧借分享营销思维？如何把任何一个消费者转变成我们的渠道？如何让一家店迅速裂变成 100 家店、1000 家店？实现这些创业历程中的伟大奇迹，移动互联网已经为我们指出了一条明路。

Chapter 8

互联网思维下的大学生创业指导

每年毕业季来临的时候，刚毕业的大学生即将步入社会，走向工作岗位，如何选择未来的道路，是入职还是自己创业呢？本章将给刚进入营销行业的新人提供一些创业方面的建议，并以互联网思维为出发点，从三个角度分析大学生如何创业。

“大众创业，万众创新”

“大众创业、万众创新”出自 2014 年 9 月夏季达沃斯论坛上李克强总理的讲话。李克强总理提出，要在 960 万平方公里土地上掀起“大众创业”“草根创业”的新浪潮，形成“万众创新”“人人创新”的新势态。此后，他在《政府工作报告》中多次提到这一关键词。但很多人都混淆了概念，其实大众创业和万众创新，并不是鼓动年轻人独立去挑战创业，我认为结合互联网思维，联系传统企业营销的转型升级，可以这样理解“大众创业，万众创新”：

大众：是指所有的需要创业的伙伴，包括大学生在内。

创业：大众创业的前提是万众创新，唯有万众创新，才有大众创业的可能性。

创新：创新是引领发展的第一动力。传统企业经过移动互联网时代的营销变革，就是创新的一种方式。

“互联网 +”就是移动互联网时代对传统企业的升级和改造。传统企业营销的创新是“互联网 +”模式下，营销渠道的再建。

案例 CASE 驾校广告扇

夏天最有效的广告载体就是广告扇，相比其他成本高的产品，一把广告扇只有一块钱左右的成本，而其实用的特点，使得其上的内容很容易传播。下图把印着营销型二维码的驾校广告扇，在推出去之后，几天之内就有4万多人浏览了广告页面，让驾校的生意一下子火了。而普通宣传单要印数10万张才能达到这样的效果。广告扇的画面可以设置成好玩有趣的图案加一个互动营销的二维码，很容易产生共鸣和转发。

这样的一家驾校，本身实质没有改变，但只通过营销上的改变、营销载体上改变、营销投放策略改变、营销技术的改变，就实现了互联网模式下的转型升级。

大学生创业的方向

1. 融入“互联网 +”大环境

在“互联网 +”的创业浪潮当中，传统企业的营销正面临着“互联网 +”模式下全面的升级和改造，包括广告的优化，销售环节、售后服务环节的互联网融合。

对大学生来说，根据专业学习的方向，可以有针对地熟练利用自己的技能参与到传统企业“互联网 +”升级改造的各个环节中。比如说设计专业，就可以在传统企业“互联网 +”升级改造当中，从事基于互联网技术方面的设计工作，和传统企业的平面设计相结合。新创业者可以以创业伙伴的模式或“互联网 + 服务”的模式参与到企业的营销升级中，做二维码背后的文案内容、图片设计项目，帮助传统企业进行广告印刷品和二维码的新营销应用的创新。

2. 利用互联网工具克服沟通障碍

大学生毕业之后面临的一个问题就是沟通能力和沟通技巧的提升。人生当中的求学、求职、成家、立业，所有的过程，都需要与人沟通和交流。有效的沟通可以迅速转化为财富，无效的沟通会被人拒之千里之外。

在今天移动互联网时代，我们有很多有效的技术手段，可以取代过去单纯靠口才的沟通方式。今天的营销，更多的时候并非面对面，今天的营销更多的是借助互联网工具，让工具变成有力的沟通“武器”，克服性格当中的劣势，最终将自己锻炼成一个生存的强者。

大学生创业的具体方法

1. 独立兼职（自由职业）

大学生可以选择成为提供分享营销模式的企业的合作伙伴，这些企业拥有移动互联网的二维码识别技术，能把每一个消费者转变为企业的代言人，那么创业者在为这家企业去进行代言的过程当中，作为有效客户来获得这家企业所提供的佣金，这就是利用分享营销模式的独立兼职方法。拥有分享营销模式的企业通常都有可分销二维码（能识别客户、能识别分裂的用户、能进行数据追踪、能锁定目标），通过目标节点分裂出的所有渠道，能够归纳并判断这些客户的来源。

2. 团队创业

大学生如果在没有组织的情况下独自奋斗，可能缺乏一定的自我约束力，时间一长容易松懈。创业需要极强的自制力和行动力，在准备不够充分的情况下，团队创业的重要性和必要性就凸显出来了。

在大学当中寻找合作伙伴，可以是室友、校友，比如有擅长营销的，有擅长互联网技术的，有擅长文案编辑的，把这些人有目的地整合到一起，作为一个有效的组织，去打造一个创业团队。有效的组织能够让人生得到约束，同时在工作中打造人脉，这样分享营销才能得到更好的实行，才能更好地将客户迅速转变为渠道，让你的客户不断出现指数级的裂变。

一个稳定的组织，要有固定的办公场所，这是团队创业必不可少的基础条件。

3. 建立人脉

对于分享营销来说，人脉是关键的一环，如果提供了分享营销模式的企业本身没有人脉，那么营销的渠道和载体就会受限，使得整个分享营销失效。人脉从工作中来，客户从客户中来。所以多开发客户，能在移动互联网时代，迅速把客户转变为渠道，这个渠道就是人脉。

创业需要做的就是如何把客户再转变为消费者，从自己已知的客户开始，通过拓展外延客户不断增加已知客户。把你的客户变成可控的数字，具体可以在客户通过分享营销注册进来的时候，组建微信群，把所有的参与者全部变成创业合作伙伴（把客户变成分享营销的渠道），让客户在成为你的消费者的同时，再裂变为渠道帮你去带来更多财源。

4. 组建创客平台

通过组建团队去打造基于“互联网 +”的分享营销的创业模式，为更多的创业者提供大众创业的机会，这就是创客平台。从依托于分享营销的创业个体，转变为传统企业“互联网 +”和共享经济模式的创业平台的提供者。

今天是利用已有的成熟的互联网工具，去迅速裂变的伟大时代。现在的中国经济需要县域经济快速发展，因此“北上广深”之外的家乡是各类人才利用互联网技术和手段，去改造和升级的绝佳“战场”。运用所学所得，利用互联网工具，用互联网思维，为家乡企业升级改造助力，用自己的一方创客平台传播区域品牌，振兴地方经济。

在今天，不需要耗费大量的精力，只要有学识，具备了基本的互联网应用能力和互联网应用认知，再配合互联网工具和思维，就有可能实现爆炸式的创业。不需要依附于别人，可以利用你自身的能力和成熟的技术，使用同学当中的人脉组建团队，就可以开始这种创业，开启人生的创业之旅。

第二篇 · 实战应用

学会如何登山有时比登顶本身更加重要。

——伊冯·乔伊纳德

Chapter 9

餐饮行业营销的 9 种有效方法

我们每一天都要吃饭，每个月都可能会和家人去几次饭店，或者与朋友聚餐。餐饮行业是每个人生活中都离不开的行业，也是营销竞争最激烈的行业。

餐饮行业的营销陷阱：团购网站的利弊

团购毋庸置疑是如今餐饮行业最流行的营销方式。很多餐饮企业如果离开了团购，甚至都不知道怎么去做营销。团购可以实现引流，给餐饮企业带来很多客户。但凡事有利也有弊，如果企业不能够从自身出发，找到一套好的促使业绩持续增长的运转方法，一味地通过外力让生意暂时好起来，那将存在非常大的隐患。

那么，团购网站具体会造成什么样的伤害呢？

第一，失掉现金流。一旦消费者在团购网站上下单，钱就付给了团购网站。

第二，割让利润。消费者之所以要上团购网站，是因为上面的折扣，而这个折扣本身是你的利润。

第三，和团购网站合作，就要给团购网站分佣金，所以现金流失掉了，利润失掉了，还有最重要一点，你因此丢失了客户。当原本属于你的客户在团购网站上下单的时候，你的客户就转到了团购网站。我不是让大家放弃与团购网站的合作，而是应该改变对营销的认知，学会如何把这些团购网站的流量转化为自己的流量。

在你店里用餐的客户，看到团购网站海报的优惠信息，可能会主动下载 APP，获得优惠。所以，“让别人占便宜”，是互联网营销一个很重要的观点，团购就是通过你的餐厅来“占便宜”。当客户从团购网站下了你的订单的时候，上面三点“伤害”就已经形成了，你的现金流被占有，你的利润被抢走，最重要的是你的客户被抢走。

我称这种现象为“入室抢劫”，并且这种“抢劫”还是在你完全配合的前提之下发生的。

早期的线上团购网站平台的确提供了大量的资源，给餐饮行业带来了客户流量，餐饮行业据此支付广告费。从中也可以总结出，互联网行业的创新，无论是团购网站也好，共享模式也好，所有的玩法都没有超出广告的范畴。

如何让消费者和卖场发生裂变，从而让财富不断增加，让自己的客户还是自己的客户，让自己的客户给自己带来更多的客户，而不是让第三方网站去绑架你的客户资源和流量，是我们在规避团购风险时需要考虑的问题。

生意是不是越火越好?

那么生意是不是越火越好，客人是不是越多越好呢?很多人为了生意能够天天火爆，苦思冥想，想各种促销方式。其实不然，任何一个可以持续的生意，都有一个度，都有一个量，都要守住底线，一旦跨过那个底线，后果不堪设想。

判定生意好坏的标准是什么呢？有一个理论叫作满足

服务的标准负荷。什么意思？如果你的饭店每天只有 100 台的翻台率，只放得下 30 张桌子，一天使用量累积到 100 台，就意味着你的服务满负荷了。厨师会感到有点累，但又不是特别疲劳；服务员会感觉有点累，但又不至于抱怨；你也不会发出赚了钱没时间花的感慨，这就是合理的负荷。

如果今天你的饭店没有扩大规模，还是只放得下 30 张桌子，突然间用了某种营销方法，不管是恶意还是善意的营销手法，翻台率一下子提高到 200 台，甚至更多，效果会怎么样呢？你会看到厨房里杯盘狼藉，甚至连换的新盘子都没有。厨师满头大汗地炒菜，锅都没有时间去刷了；服务员感觉非常累，并且在服务顾客的时候满腹牢骚。你坐在那数钱都在想：这真不是人干的活儿。如果有一天客人进店等了半天无人搭理，桌子没有人清理，或者叫了半天菜都上不来，这样的情况下，客人再多都是昙花一现。

所以营销绝对不是要人越多越好，满足合适的度，甚至能够创造一种饥饿营销的手法，反而会更好，所以我们需要正确合理的营销，而不是过度营销。广告也是一样，不是狂轰滥炸就一定有效，也需要取决于服务体量。

以下这 9 种餐饮行业营销的有效方法，是让你通过商圈的互动营销，把别人店里的客户变成你的客户，在满足标准负荷的前提之下，让生意好起来。

餐饮行业营销的 9 种有效方法

1. 待客区扫码优惠

所有营销的体现形式，归根结底都是店铺营销。再次强调，我通常所讲的店铺营销三部曲包括：

第一，把未知客户变成已知客户；

第二，把已知客户变为消费者；

第三，把消费者转变为渠道。

所有的卖场的营销一共就这三个环节，如果把这三个营销环节做到极致，业绩立刻就能倍增。

一家饭店有很多熟客，他们经常来店里吃饭，老板对他们都很熟悉，见面还经常打招呼，只是可能不知道对方的名字。

如果被问到这些是已知客户还是未知客户？有 90% 的人会回答是已知客户。如果接着问：下个月是饭店店庆，老板想把这些老客户请来参加店庆活动，怎么通知顾客？大家马上会说：打电话，发微信啊。

你有顾客的电话吗？你有顾客的微信吗？顾客进店吃饭，你会跟他们说不加微信不让吃饭，不留电话不允许在这里点菜吗？显然不会，全中国都没有一家这样的饭店。虽然很多饭店也做了二维码，扫码关注公众号连接 WIFI，但几乎没有人关注，谁会关注一个无关紧要的饭店公众号呢？就算是当时为了连接 WIFI 而关注公众号，回头也会取消关注。所以这些顾客并不是已知客户。

所以传统的移动互联网营销和微信营销正在逐渐失效，必须要用新的思维来建立营销体系。

很多饭店都有顾客等待区，现在全民都在学海底捞的模式，客户在等待的时候，可以免费吃西瓜，免费喝饮料。这些客户被留住，他们的价值在等待挖掘，但是你有没有想过在留住客户的过程中，可以让他们为你创造价值。

接待区的扫码优惠，这个优惠不只是单纯的促销，还可以是扫码互动抽奖。

由饭店提供抽奖券，客户只要扫二维码，就可以抽取晚上点餐的优惠券，还可以抽福利奖品，可以是一道菜、一瓶啤酒、一罐可乐。

同时设置颁奖的时间段，顾客可以随时扫码抽奖，但是颁奖只设置两个时间段，比如，六点钟颁奖一次，这样很多客人会很早来店里点菜，从而赶上第一轮的抽奖。第二次颁奖放在九点种，人们会赶在那个时间来去兑奖。

案例 CASE　待客区的抽奖活动

最重要的是在这个潜移默化的过程当中，所有人通过扫码抽奖，留下了手机号码，手机号码是数字时代的ID，ID就是互联网上的联系方式，淘宝、京东之所以能够发展迅速，最重要的是只要注册并在上面买过东西，就会据此分析你的搜索习惯，你就会不断收到促销信息。所以，通过这个数字ID，就可以锁定客户，与客户建立持续的联系，从而把未知客户变成了已知客户。

2. 限时促销

要将企业营销玩到最高的境界，有两大核心：第一，现金流；第二，把你的企业变成广告平台。如果做到这两条，一定能够成为这个行业的佼佼者。

为什么那么多共享单车倒掉了？共享单车采取收押金骑行的模式，客户交完押金之后，就可以骑自行车，一小时一块钱或者两块钱。当时我说，共享单车最终一定要转化成广告的模式才能成功，因为一个事物兴起后，竞争随之就会出现，必须要在竞争对手没有出现之前，建立竞争壁垒。单一的模式从来都不会成功的。

所以让用户扫码读广告，从而获取骑行时间，绝对比一块钱骑一个月这种粗劣低端的营销手法好上100倍。但是这种玩法绝非这么简单，要让人去投广告，为用户骑行买单，使自行车成为一个共享广告投放平台。

案例 CASE　魔术贴

快印客开发了一个独有的二维码技术，叫作“魔术贴”，即在二维码不变的前提之下，扫码可以展现不同的内容，因此依靠这种方法可以设置不同的广告的推广手段。比如在二维码后台设置 100 个促销广告，那客户在扫二维码的时候，这 100 个广告会随机出现。还可以限定时间，比如用户晚上 7 点到 8 点去扫，会出现特定的广告内容。还可以按照星期，比如饭店周一的菜是什么价？周二的菜是什么价？周日菜是什么价格？同样一个菜，在不同的日期里会出现不同的价格。

什么是限时促销？就是同样一款菜，在不同时间段买单，会有不同的折扣，7 点钟买单，打九折；8 点钟买单，打七折；10 点钟买单，打七八折，随便设置。

通过魔术贴实现餐饮的限时促销。大家来饭店吃饭，每一道菜在上桌的时候都搭配一个二维码，顾客可以通过扫码了解菜品的制作方法。比如一道红烧鲤鱼非常好吃，顾客纷纷点赞，扫码看这道红烧鲤鱼怎么做。今天这道红烧鲤鱼68元，如果顾客现在买单，可以获得优惠券。但这个优惠券24小时之内不能用，是下一次来吃的时候，这道菜可以打八折。那顾客扫码买了单之后，手机上就会形成一个支付券，下次在出示这张支付券的时候，就等于付了款，这和团购是一样的道理。

3. 在每张桌子上设置一个台卡

在台卡上面放二维码是为了让人们扫码分享，把二维码的内容分享到朋友圈当中去，这个原则是把已成交的客户转变为渠道，属于店铺营销三部曲当中的第三步。

任何一家传统店铺，有效的资源永远只有两个：第一个是到店客户，就是那些到了店里的，不管买没买东西的客户；第二个是卖场。卖场和客户，这两个永远是有效的资源，其他别的资源都不重要，唯有这两个才是属于你的。

过年的时候，每一家饭店都希望能够让更多的人来订包间吃年夜饭，但是很多人都希望在家吃团圆饭，那饭店这时候要怎么做呢？可以在每张桌子上放了一个亚克力架，上面放一张宣传页，宣传页上的菜品非常漂亮诱人，菜品下面有一个二维码，二维码下面写着这样的话：手把手教您做新年十八道菜，让您和家人一起共享晚宴，过一个快乐的新年。

但是这样做的目的不仅仅是要让顾客来扫码做年夜饭，最重要是要把这些扫码的顾客转变为渠道，让这些人把这个码分享到朋友圈，让更多的人知道饭店有这样的年夜饭，从而达到宣传饭店的目的。这里面除了十八道特色菜，还包括有餐厅的介绍、图片、包间的环境、厨师的介绍或者特色菜品的介绍。让更多的人看到，饭店的菜做得多美味可口，饭店的就餐环境有多么整洁舒适。

最后，还有一个优惠券，按照第二个方法讲述的营销思维，这个优惠券就是一个折扣，比如50块钱的优惠券，或者送一道菜、两瓶啤酒、一个果盘。

这种模式就是口碑营销。口碑是最原始的广告，所以研究一个客户的口碑的转化，是营销当中原点的原点。想想，过去没有电视、没有互联网媒体，那些百年老店是怎么传承下来的，这些百年老店都是通过口碑一代一代的传下来。在今天，同质化竞争越来越激烈的情况之下，传统的口碑正在失效，那怎样的口碑才有效？这是极力需要思考和研究的问题。

4. 印刷优惠券，把优惠券分发给每一个客户

前三条有一个共同的特点，就是扫码，都属于互联网的模式。这一条是讲真正印刷出来的优惠券，上面带二维码。印刷的产品是真实的实物，客户拿在手里的感觉不一样。

给顾客优惠券的目的是希望他下次能够再光顾，或者说把这个券转赠给其他人，带来新的客户。很多饭店在优惠券上设置服务期限，比如一个月，这恰恰是不懂营销的结果。一个城市那么多饭店，凭什么一个月内再去一次呢？很多顾客也不是天天在外面吃饭。所以，设置服务期限的优惠券是无效的优惠券。

从原点思维出发，给优惠券的目的就是让客户再来吃，如果脱离了这个原点思维，那这个营销方案也就失效了。当客户拿到优惠券，不在约定时间之内回来，这样的营销方法就无用了，很多饭店不会对优惠券的使用率进行评估，然而我们研究优惠的目的是让客户成为回头客。所以，营销要下重手，才有机会赚钱，如果给的优惠力度小，客户就不会来。

5. 在桌子上另外设置一个产品展示的二维码

在餐桌上另外设置一个产品展示的二维码非常重要，每个客户就餐的时候，在餐桌上放一个二维码，可以用亚克力架的形式去呈现。这是为了使营销场景前置，在顾客看广告的时候，必须要让他能够看到真实的营销模式。

案例 CASE 扫码点餐

肯德基和麦当劳的二维码营销已经做得淋漓尽致，他们是最早做二维码点餐的餐饮企业。他们的智能点餐机已经全面铺开，过去人们排队点餐，现在只要动动手指就能实现。而且，就餐的时候，可以发现桌子上有很多二维码，扫码可以领取优惠券，还可以点歌。总之，他们会把你带离这个卖场，进入到另外一个营销领域当中。这种方式本质上也是共享卖场的营销方式。

6. 菜谱的跨界营销

很多饭店还在采取传统菜谱点餐的模式，如果换一种思路，就可以进行老客户的二次开发，甚至N次开发和增值营销。顾客在点餐的时候，精美的图片往往会引发更强烈食欲。据悉，图片在餐饮营销的感知当中几乎占70%。下面这种菜谱叫营销型二维码菜谱，将菜谱做成时尚杂志，同时结合了二维码的营销。让菜谱充满时尚感，同时又给人们以非常亲近的感觉。**在今天这个时代，做营销就要做什么不像什么你才有机会成功。**

餐饮不应该是严谨和严肃的，需要融入娱乐元素，把菜谱做得像娱乐杂志，顾客会很愿意去阅读，甚至会拿着菜谱进行拍照，传递分享给别人，向更多人展示这本菜谱的与众不同。

这本菜谱的排版按照杂志的形式，里面的菜品也是用一张张精美的图片展示，同时配以文字介绍，文字的介绍也采用了杂志的排版的风格，让客户更易于接受。在特色菜旁边放上二维码，扫描二维码，介绍做菜方法，这样就增加了与客户的互动，让菜谱变得更有价值。每桌放一本，顾客可以随时翻阅，随时点菜。

煮意
Shopping Food Fashion
购·食·尚
特色当道
谁与争“鲜”
要吃就吃最新鲜
湘味的
独家记忆
一样的食材
不一样的情怀
花样戏法
菜谱这么玩，靠谱
中国第一本
可以扫码购物的菜谱
好气色
“吃”出来
想要白里透红的肌肤，
不妨试试养生食谱，
让你吃出好气色！
“驿码购”商圈推广联盟
让等餐时间变成一次
时尚购物体验
KPRINT快印客
让营销更精彩
智慧云码展示厅

这本菜谱还是跨界营销的“神器”，除了菜，这本菜谱还可以出现相机、灯具、鼠标垫、手机壳，甚至是文化衫，这样的菜谱就变成了跨界营销的扫码目录册，任意一样商品，只要付费，都可以出现在上面，这本菜谱变成了一个广告平台，成为饭店新的盈利渠道。

7. 分享营销

为饭店设置一个分享营销的产品，把来店里吃饭的客人变成美食代言人，分享的过程中可以获得积分、优惠券或者现金，付费的分享营销是最有效的口碑营销。顾客在饭店吃饭，分享时就会生成一张店里的海报，一个专属于顾客的二维码海报。这种模式非常之多，比如樊登读书会、朗读者、七天学会 ppt、21 天学英语，各种各样二维码的分享活动，全部都是分享营销。

分享营销有一个特点，就是你将二维码分享到朋友圈，有人通过朋友圈扫这个二维码加入到这个圈子当中，然后你就可以获得积分，甚至直接获得现金奖励。

可分享二维码技术具有三个功能：第一，扫二维码可以付钱；第二，识别客户，可以知道这个客户是从哪里来的，比如说，饭店有 100 个美食代言人，这 100 个人将美食推荐分享到朋友圈，带来了很多客户，每个客户归属于谁，积分应该算在谁的身上，通过技术是可以识别到的；第三，分账，比如设定带来一个新客户给 500 积分，系统当中要能够显示 500 积分，不但饭店的系统能够显示，作为饭店的美食代言人，他们的账号中应该也有 500 积分的提示。

8. 共享商圈

餐饮行业当中的线上线下的互动营销就是线下卖场线上商圈，通过这样的方式，把客户拉进一个商圈，就可以以饭店为中心，形成一个商家的互动推广联盟，或者商家的互动推广平台，说简单一点，就是打造以饭店为中心的社会化的媒体平台。

不同行业的人都会到饭店吃饭，那在就餐的客人当中筛选出各个领域的精英，并且他们愿意共享传播，从而把这些人打造成一个依托于饭店所建立的商圈，通过这个商圈将饭店转化成广告平台，把原来饭店线下的广告平台转变为线上的广告平台。相当于一个餐饮行业的协会，你把所有的会员整到一起来，比如说你有 3000、5000 甚至 1 万会员来自于各行各界的精英阶层，他们每个人都可以在这里做广告，都进行会员付费。

你需要明白的是，你有很多潜在的资源没有发挥出来，只要充分利用移动互联网时代的模式，利用移动互联网的营销工具，对它进行有效的组合，那产品价值立刻就会倍增。

9. 共享卖场资源

当一个老板在饭店就餐的时候，看到饭店生意火爆，顾客盈门，他会希望这些客人也能成为他的客人，希望他的广告能够出现在这个饭店里。但是饭店的老板可能并不愿意让别人在店里做广告，更不要说允许发名片给每一个客人。但是如果这个局是你组的，你可不可以把这种行为、这种客户的刚性需求，转化为一种创造财富的模式？这个理论源自于19大原点思维当中的第17点，共享卖场资源。

共享卖场资源就是你的卖场也能是别人的资源，虽然你拥有的只是一家小店，但是经营了这么多年，必定积累了很多客户，那你的卖场、你的客户，同样可以变成别人的卖场和别人的客户，如果客户提供的是优秀的产品，如果能够帮助到别人，又能够从中获利，何乐而不为呢！所以，你可以出租你的卖场，这就是共享卖场。这和今天有共享厨房、共享汽车、共享健身房的道理是一样的。

在你的饭店当中设置一个扫码墙，这不会增加任何成本，你可以去筛选客户的广告，可以对客户的产品有一个认知。广告是传递信息的媒介和通道，你只要让客户的广告出现在你的卖场当中。比如，一个房地产的广告出现在你的饭店的卖场当中，就相当于房地产的公司的业务员，在你的卖场当中天天发名片。要明白，他发名片不会给你钱，当他的广告出现在这里才需要付费。

案例 CASE 餐厅内健身房的广告

那它的付费方式是什么呢？有很多玩法，它可以为广告付费，也可以充值成为你饭店的高端会员，充1000元、1万元、2万元或者5万元，这个根据你的需求而定。然后他充完这个“菜金”之后，他可以用这个“菜金”在这里消费，就等于说你又拿到了客户的预付款。而客户为什么把钱先给你，很简单，你提供广告位资源，提供共享卖场资源，所以客户才会去做，所以如果你的饭店有这样的玩法，同样吃饭，同样菜的味道，同样在一条美食街，客户就不会去别人家吃，因为这里有我的产品，是属于我的饭店。

其他共享卖场的方式还包括：

让客户提供你的店面活动的奖品。客人提供奖品，奖品不限，然后由饭店颁奖，颁奖的时候说一句广告语，或者让客户的广告出现在每一张桌子上面，以二维码的形式或者以海报的形式出现在饭店当中。

包间广告出租。对于饭店而言，这间包间所有的广告位都是固定好的，只要有客户愿意，充值一定的会员费，成为饭店的高级VIP会员，就能够享受这一切。客户可以按照不同的价格等级，按日、周、月、年去付费，享受包房的 VIP 服务。广告由客户设置。这是迅速获得未来现金流的最直接的方式，这就是消费前置。不要再叫包房为黄山馆、听涛阁、沈阳厅了，你需要明白的是，所有的东西最终都可以转化为广告平台，所有东西都可以兑换为价值。

永远记住，广告一定要老板亲自操刀，一定要亲自参与创意，广告所有的印刷品、选择的广告服务商，老板一定要亲自审核。不然的话，你花的钱就极有可能打了水漂。因为广告是所有营销的起点，**所有的竞争都是在客户看广告的那一瞬间开始的**。

Chapter 10

房地产行业的 8 大营销工具系统

中国企业发展迅速，要想全方位走向世界，营销是必不可少的重要环节。任何行业的商品和服务最终兑换为财富，都需要通过营销来实现，所以对于企业经营者来说，营销是必须具备的技能。

目前，虽然整个中国的房地产行业都处于调控的状态，但是三四线的房地产营销依然如火如荼，而且在相当长的一段时间之内，都会作为一个非常重要的代销商品，出现在大众视野当中。

房地产的营销模式中有一条，是如何把已经购买房子的老客户转变为渠道，带来新客户。运用互联网的营销思维和互联网技术工具系统，房产公司可以给老客户一定的佣金报酬，也可以减免一定的物业费和社区各种各样的服务费。如今，恒大地产也开始运用这样的模式，这足以表明，房地产行业营销的8大工具系统是多么的重要。

全景看房和预约看房系统

广告的核心价值是把产品卖到消费者手里，实现变现。房地产公司新开发了楼盘，会想方设法吸引消费者到楼盘来看房，建一个售楼处，布置一个展厅，跟房地产中介签约，雇佣一大批销售人员，印制大量的广告宣传品——海报、DM单、名片，等等。

广告的目的是引导客户到店，客户到店了才有机会消费，所以，如果客户不到售楼处，是绝对不可能买房子的。房地产公司在销售前，首先要做一个楼盘的效果图，还有每个房间的户型图加效果图。效果图是假想出来的成品，广告的第一个功能是什么，就是让购房者感到身临其境。

随着科技的不断发展，VR技术逐渐火爆，并走进各个产业领域，它可以帮助传统企业提升广告的传播价值。在房地产行业，VR 全景技术能够在顾客走进楼盘前，就对楼盘有一个全方位的认识。

案例 CASE VR 技术下的房间效果图

全景看房和预约看房系统，就是在传统房地产的海报和各种各样的广告载体上，设置一个全景展示的二维码，利用 VR 全景技术，展示了真实的全景：从进楼盘的大门开始，到整个小区的浏览，每一栋楼的浏览，每一个户型的浏览，每一个户型当中每一间房的浏览，让客户可以从门口走进主卧，从主卧走进次卧，从次卧走进育儿房，再走进阳台，从阳台眺望远方，这些全部是真实的场景。

案例 CASE　尚水天成手机全景看房系统

企业的竞争始于广告端，竞争从客户看广告的那一刹那，就已经开始了，所以在客户看广告的时候，能不能抓住客户，能不能锁住客户，能不能直击原点，这是营销当中的关键。

业务员的精准识别系统

商品转移到消费者手中，有几种方式，可以在临街开个店铺，客户从店铺路过，然后进到店铺购买，这种方式称为“卖场营销”，它可以获得自然流动的人群，减少广告投放的费用。房地产公司则不同，因为房子并不是建在市中心，也不是每个人都会经过楼盘，所以需要和房地产中介合作，雇佣大量的销售人员，销售业绩好不好，取决于业务员努力的程度。

传统的房地产营销要识别业务员，需要客户看到海报上的广告，给房地产公司拨打咨询电话，然后房地产的客服人员会做记录，是哪个客户打来，业务员的编号是多少，这样就识别了业务员，业务员凭此记录获得佣金。

业务员的精准识别系统，是移动互联网时代下，房地产公司二维码技术营销工具的应用与传统广告印刷品相结合，这里每一个二维码都是独一无二的。使用这套营销工具，能够精准识别每一个销售人员。它会对每个销售人员进行身份锁定，从而告诉业务员，客户一旦确定，绝对不会被别人抢走。

通过业务员的精准识别系统，可以精准锁定每个业务员的身份。例如有 10 名业务员，每一个业务员分发 100 张宣传单，每一张宣传单都印有属于这个业务员的二维码，客户在读这张宣传单扫描上面的二维码的时候，后台就可以锁定目标来源，识别客户是经过哪个业务员推荐过来的。

已成交客户的转介绍佣金系统

生意人都明白转介绍的重要性，经由转介绍而来的客户，通常更容易快速成交，消费额更高，买的东西更多，更能让你获利，也更加忠诚，同时，转介绍还会生出新的转介绍。

房地产已成交客户的转介绍佣金系统是利用二维码技术，进行客户识别，是在第二条业务员的精准识别系统的基础上，加了一个代理的层级关系。依靠互联网技术，分销级别可以任意设置，级别越多，利润就摊得越薄。

房地产要做的就是把已经购买了房产的客户和已经看了广告正考虑购买的这群人，进行有效的转化，通过已成交客户的转介绍佣金系统，将他们转化为宣传渠道和广告渠道，从而带来销售业绩的提升。

前文提到过，二维码具备三个特征：付款、识别客户、分享佣金。通过二维码技术可以进行客户来源的精准锁定，并进行实时的销售佣金的呈现。这样，会有大量的人去完成房地产的营销使命。

增强型效果图手册

海报、宣传单、画册，这些广告宣传品作为房地产的传统营销物料，不但花费巨大，而且它们的幅面有限，不能显示更多的文字、图片，无法更美观、更完善地向顾客诠释楼盘。

增强型效果图手册则突破了传统广告幅面空间上的限制，是结合互联网技术，在原有手册上配上 VR 全景功能、预约客户功能、优惠券发放功能，将楼盘进行场景前置，从而帮助业务员更好地推荐楼盘，将楼盘的样式和结构展现得淋漓尽致。

毛坯房内的全景效果图

售楼处为了将顾客带入真实的营销场景，房地产公司会做很多样板房，但是考虑到成本，肯定不会每个户型都做。看完样板房，顾客肯定要根据需求去看毛坯房、选楼层，从精致的样板房到原始的毛坯房，如果让购房者感觉一落千丈，这样势必影响销售。但是，如果使用毛坯房内全景效果图，则能迅速俘获客户的心。

全景效果图不同于平面效果图，它是一张精美的画、一个含有 VR 技术的全景展示、一套效果显著的设计方案，能让灰突突的屋子立马变得与众不同。如果客户扫码可以看到全景效果图，他们会愿意花更长时间停留在屋子里。这样就会提高成交率。

很多营销大师认为广告需要很长一段时间才能见到效果，就和吃药一样，不能因为短期内没有效果就停止投放。但是移动互联网下，广告一定是立刻见效的。

全景效果图依靠强大的技术，打造互动的营销场景，让顾客身临其境，完全沉浸其中，拥有归属感。

这个营销手法叫作宠物法则。宠物法则讲的是一种贩卖宠物的方式，顾客喜欢哪只动物，可以先交付一定押金，然后直接拿回去养一星期，一个星期后，如果决定继续养就付钱，如果不喜欢就还回宠物，并退还押金。这种方法依靠的原理是人与动物通过一段时间的相处，会建立起感情。房地产营销将宠物法则融入场景的效果图，客户看了两三个设计方案后，会开始讨论房子的装修，这时销售人员可以顺势而为，和顾客聊投资前景、聊周边的配套设施、聊房价的变化因素，最重要的是强调卖点，给足顾客促销优惠。

做售楼手册

售楼手册涵盖整个楼盘所有的信息，包括全景信息、周边的配套信息，每一张图都应配有完美的诠释。这本售楼手册可以出现在任何地方，每一个销售人员的手里都应该有。售楼手册可以做成电子版，任何一个兼职销售人员都可以通过后台下载一份属于自己的售楼手册，方便随时随地展示给顾客，顾客只要扫一下二维码就可以看到了。

关联营销

大部分企业都希望与房地产公司打成一片，以此拓展客户渠道，但是往往收效甚微，究其原因，是因为他们在与房地产公司合作的过程中，只是简单做一个品牌广告，或者租一间办公室，其产品没有真正与房地产的产品相融合，那么客户在参观楼盘的时候，就无法代入场景。

关联营销是让所有营销的参与者，依靠共享房地产这个卖场，关联所有的产品需求。在楼盘中接入各类产品服务商，比如家电产品、灯饰产品、家居产品，这些产品可依托于房地产的全景看房系统，在二维码技术下实现关联，建立起一个房地产的共享卖场。

2017 年，我在深圳买了一套房，请了一家实力雄厚的装饰公司进行装修。这家公司拥有一个样板房，用来展示所有房地产供应链上的产品，从家私、地砖到冰箱、空调等一系列的品牌代理商，可以说是一应俱全。每个到这家装饰公司咨询的顾客，都会被领到样板房参观，并经由销售人员介绍装修材料、装饰风格。这就是打造了一个共享卖场，使所有与房地产相关的环节建立了关联，同时通过与优质供应商合作，使这处房地产在品质上又得到了保证。

共享房地产的关联营销是去依托一个场景，打造一个消费链条，考虑顾客的各种需求，通过互联网技术将顾客引导到线下，这就是互联网思维。利用这种方法，可以省掉建一个卖场的钱，又能够把所有商家的产品都引入进来。

业务员及中介的微名片系统

房地产中介的业务员一定都会发名片，据我所知，很多房产的中介销售完全还依靠老客户。有新的楼盘开售，马上通知这些老客户是最有效的。这就需要把新客户培养成未来的老客户，让他们成为未来持续盈利的来源。

互联网时代，微名片是与客户建立连接的最佳途径，房地产业务员可以运用微信进行产品分享和传播。微名片可容纳房地产公司的详细资料，在售的所有楼盘的详细介绍，并且包括全景预约看房系统，从而将线上线下的互动营销融合在一起，打通所有的营销环节，变成掌上销售系统。

Chapter 11

建筑装饰公司如何迅速提升业绩

企业的营销是为了能够让客户到达卖场，让营销场景真实地呈现在客户面前。现在的诸多行业包括传统建筑装饰公司，依然停留在传统的营销思维里，不懂得主动获得客户的方法，也不懂得如何展示自己，错失了很多获取客户的时机。

所以，建筑装饰公司需要改变营销思维，利用目前已经在施工的工地，借助互联网工具，把每一个工地转化为营销渠道，把每一个施工现场，变成一个营销的途径和二次销售的起点，从而让广告传播效果倍增，实现营销业绩倍增。

在装修施工现场，随处可以见到装修公司的广告，这些广告都在向客户传递一个信息，这里的装修非常靠谱，不但模式新颖，而且真材实料。所以，建筑装饰公司要充分利用装修施工现场的标语，通过这些广告传播的载体和模式，进行品牌传播，从而提升业绩。

很多装饰公司已利用了施工现场这一营销场所，例如在现场装上 LED 显示屏，写上“欢迎参观”，顾客可以到现场体验，看到真材实料的装修。但是就算顾客进到现场，仅仅只能知道品牌，可能连装饰公司的联系方式都无法获取，就算留了联系方式，顾客主动拨打电话的可能性也极小，因为会担心被装饰公司恶意营销，除非客户事先对装饰公司建立了充分的信任。

况且，等验房之后，装修公司就没有权利带新客户到现场参观了。所以装修公司最能引起顾客关注的并非是施工期间，因为顾客通过参观也不会明白水槽的安法，不明白怎么布线，而且施工阶段还存在一些不安全的因素，所以开放现场其实不能真正带来有效的客户，特别是在现场不派驻营销人员的话，那这样的沟通几乎是无效的。

装饰本身就是一种广告，企业绝大部分外在的呈现形式

都可以被视为企业的广告，甚至老板本身也是企业最重要的广告载体和传播途径。马云是阿里巴巴的广告，马化腾是腾讯的广告，周鸿祎是360的广告，雷军是小米的广告，牛云就是快印客的广告。一个老板都不热爱自己的产品，不敢去宣传自己的产品，那说明对自己的产品没有信心。要充分理解什么是广告，客户之所见皆是广告的形式和入口。

把未知客户变为已知客户

装饰公司要清楚究竟需要给客户展示什么，如果把客户引到公司，给客户费尽心力地进行讲解，看宣传画册、看宣传片，却又不能成交，那说明营销出了问题，这就需要在店铺营销三部曲中投入战斗力。

比如说一栋大楼，有200户需要装修，其中3家已经成为你的施工现场，但是还有一大半没有施工，这时，越早进入施工现场越好，哪怕第一个施工现场不赚钱，甚至亏钱，都要去占领第一个现场。中国大部分装饰公司都不具备这样的思维，都是以利润为导向，先做施工现场管理，然后外请包工队。

装修公司应该在楼盘开盘之后，第一时间拿到一到两套样板房，进行施工，这样就把营销专卖店开到了楼盘当中，此时可以不计成本，用其他工地的利润来弥补损失。接下来施工现场就成了广告阵地，借此向楼盘里的其他住户传达信息：这里免费开放样板房方案，免费开放装修方案。其他购房者就成为目标客户。

装饰公司的竞争核心不在产品层面，而在营销层面，因为产品都大同小异，唯有颠覆性创新，才能获得高额利润。把施工现场打造成样板店或者样板工程，然后把它变成销售入口，采集客户信息的节点，把整个楼盘中没有装修的客户引到现场，通过在现场施工图、施工进度表、工程铭牌、工程效果图、施工管理制度牌等广告印刷品上加上二维码，把未知客户变成已知客户。

随着二维码应用的普及，基本上所有的装饰公司都会在广告上加二维码，但很多二维码仅仅只是一个微信公众号，这样的二维码很难让客户去关注，也无法达到营销的效果，二维码的营销应该注意以下三个内容：

1. 二维码的位置

施工现场的图片是为了展示工程进度，而工程效果图是要告诉其他人，你的房子也能装成这样。二维码一定要放在版面最醒目的位置，这样才能让人扫码。

2. 二维码的引导话术

引导话术是从原点思维出发总结一句营销话术，引导客户愿意扫描二维码。在施工现场图的二维码下放一句话，让它变成流动的专卖店和移动的业务员，从而成为 24 小时无人值守式的装饰公司。

3. 二维码的内容

装饰公司的内容设置，要符合场景前置和优惠前置的原则。过去客户想要看效果图和样板房，一定要去到装饰公司，看到施工的案例，而现在实现场景前置，一个二维码就可以把一个工地变成装饰公司的展厅。优惠前置则是扫码提供免费的建筑装饰方案咨询，提供免费的同户型的场景图和效果图。

案例 CASE 施工工地中的广告

下图是一张微名片（AI 智能名片），用微名片的形式来表达二维码的内容，按照营销二维码所见即所得的原则，可以快速直观地展示内容。客户只要一扫描二维码，就能

立即看见装饰公司的施工案例，展示样板房的效果图，一目了然。不同的营销场景，可以拥有不同的营销功能。

案例 CASE　建筑装饰公司员工的微名片

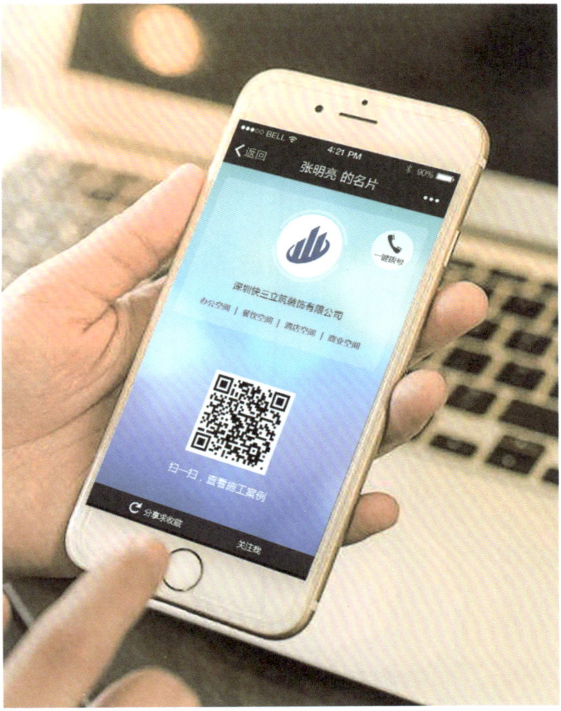

互动连接的入口

不同的客户需要不同的装修场景，施工案例应该按照厂房、别墅、写字楼、商品房等类别进行分类，当客户从广告载体的入口进来后，装饰公司可以立刻直击原点，快速锁定客户需求。营销需要建立与客户之间的连接，这是向客户展示自己产品的一个绝佳的入口，在销售人员不在现场的时候，潜在客户也能通过连接获得有帮助的信息。

装修场景要用真实的效果图来体现，同时采用全景技术，一定不能用平面图，平面图无法从多个角度展示场景的真实感。广告是创造一种场景，让消费者无限接近真实，若能身临其境就是广告的最高境界。要让客户一扫码，就能找到心仪的方案。

客户可能会因为一个好的施工效果图，下决心买一套该户型的房子，这也告诉装饰公司，可以把施工现场打造成共享卖场。

优秀的广告能够呼应客户看到广告产生的各种需求，给客户提供一个入口，这就是互动广告。

建立楼盘装修需求登记表

一家优秀的装饰公司应该具有敏锐的嗅觉，洞悉互动广告的真正价值和含义，利用装修需求登记表吸引客户。

城市里只要有新的楼盘推出，登记表里就应该立刻更新，客户只要输入楼盘名称，就会出现该楼盘装修的样板房，让客户产生归属感和拥有感，并为客户提供免费的装修咨询方案和装修预算，相信这么做，那营销就成功了一大半。

建筑装饰公司的营销有两大核心点：第一个核心点是场景，建立以往案例的全景展示，第二个核心点是提供免费的装修咨询解决方案，让客户添加咨询信息；而要做到这两大核心，需要牢记两大原则：场景前置和优惠前置。

Chapter 12

健身房业绩倍增的3种有效方法

发放宣传单（地推）目前依然是健身房的主要营销手段之一。然而，这一宣传方式给健身房带来的业绩却不容乐观，许多时候，当地推人员在发宣传单的时候，经常被拒绝，这种情况对业绩增长非常不利，严重打击了地推人员的信心。究其原因，是面对移动互联网时代下的客户，传统的地推营销方式早已无法推动健身房业绩倍增。怎么能够让健身房的地推广告传播效果倍增，让广告变得更有价值，下面与大家分享健身房业绩倍增的3种有效方法。

善用广告推广策略

所有的营销，最终都是通过广告来实现的。广告的体现形式即是广告的投放、营销、推广策略，是指在固定的广告投资基础上，即花有效的钱，让广告传播的效果倍增，让广告变得更有价值。要做好广告推广策略，可以从两个方面展开：

1. 传统地推的广告推广策略升级

地推作为健身行业重要的广告推广策略之一，传统的操作是：在某个小区门口或地铁口，3 位业务员同时发传单，来一个人递一张，遇到第一个业务员不接，第二个业务员再递一次，以此类推，这样容易让人产生厌烦心理。

一个人走在路上，他正在想自己的事情，地推人员突然出现，问其是否需要健身，并递给他宣传单，他的思路会被地推人员突然打断，并被强拉思考自己是否需要健身的问题。这样做会导致客户反感，客户会拒绝或者拿了宣传单随手丢掉，这种情况非常普遍。错误的引导话术和广告载体发放方式，会让客户产生抗拒心和排斥心。营销是一个潜移默化的过程，有一套系统，传统地推推广策略亟须升级。

广告推广策略升级需要善于运用营销节点法。例如，同样是 3 位业务员，但他们不再单打独斗，而是组成一个战斗小组，守在某个路口。

第一个节点，让客户产生印象，可先用广告牌引起客户关注。第一位业务员在出口处举个广告牌，可以不用很大，60cm × 80cm 左右即可，不会影响整体市容，但能引起客户注意。不用发宣传单，广告牌上是常规的海报设计，健美的帅哥美女、免费体验课、免费健身方案以及一个营销型二维码等信息，同时透露给客户一个信息，凡扫码关注即可获得免费健身指导一次、免费减脂方案一次等。举广告牌的目的主要是给客户留下印象，方便把客户从他的思绪中抽出来，关注你的广告，这时候，客户会有一点心理准备接受你们小组下一轮的营销。

案例 CASE 健身房广告牌

第二个节点，再次用广告牌吸引客户关注，巩固客户观想。第二位业务员在离第一个广告牌 5~10 米处，举同样的广告牌，强化客户对广告的印象，进一步将客户的思绪拉到你的广告上来，此时，客户的防备心已经被削弱了，所以第二位业务员在必要时可以将传单发给客户。

第三个节点，发放印有业务员专属二维码的传单，做到精准识别客户。经过前面两个节点的策略营销，客户的观想已经全部被你吸引过来，这个时候再发放宣传单，客户的抵御心理会下降，对发给他的宣传单也不会那么排斥，业务员再通过适当的话术，吸引客户的兴趣，让他更容易接受你的营销。

3 个节点需要把握的一个共同点：可以不留电话、人名，但一定要在广告牌、宣传单等广告载体上，印上营销型二维码，作为小组战绩的主要入口。所谓营销型二维码，就是经过专门技术开发的专属二维码，解决传统健身房在销售过程中，业务员业绩交叉的问题，不仅能够精准识别业务员身份，同时可以精准锁定客户，充分调动销售人员的参与度和积极性。而通过小组作战这种系统营销，你发放出去的宣传单，在客户中的认可度会提高 50% 以上。

2. 与周边商家合作，共同推广

与其他商家合作，首先要理解一个概念：**你的客户在别人的店铺里！**

试想，你在大街上获得客户，客户会拒绝你，因为他只是路上的行人，可能还有事情要忙，**根本没有处在消费的场景和意识当中。**如果你在别人的店铺里获得客户，该客户已经处在消费的场景中，他有时间接受营销，而你只要引导有效，成交概率会提升几倍。但是，你如果不打招呼就到人家店里去做营销，推销自己的产品，这对那家店铺的老板显然是很不尊重的，相信他也不会同意。所以你要学会跟周边的商家进行合作。

比如，在距离健身房 500 米处有一家饭店，每天生意兴隆，顾客用餐都很愉快，吃饱喝足之后，许多人都会想到的一个事情是，自己是不是又减肥无望了，或者会考虑是否要控制自己的饮食以保持身材。当顾客有这样的想法出现时，锻炼成了他们最好的选择，如果这时候桌上适时出现健身房的广告，他被营销成功的概率将会大大提升。吃饭这个场景很容易让人产生健身的念头，健身房的广告出现在餐馆是很好的选择。

健身房老板可以找这家饭店的老板谈合作方式，用分享营销的方式（本章第三点有详细的说明），让饭店参与到健身房的营销中，在饭店的桌上贴上所属的健身房专属二维码，二维码上加上特有话术，如“吃饱喝足之后记得去健身哦”，或者“今天你的脂肪摄取过多，扫码健身半小时，立刻恢复完美身材”等，吸引客户的注意。

美容美发店也很适合健身房分享营销的合作方式，当客户做了个非常喜欢的造型，如果身材欠佳，肯定会影响整体的效果，所以拥有完美造型，健身是必不可少的。与这些商家合作，营销成功的概率也会大大增加。

营销要善于借力，不要只凭借自己的力量去做推广。公司要在营销策略上提供能够精准识别的客户方式和相应的代理激励机制，用分享营销的方式，和周边的商家谈合作，让业绩提升 50% 以上。

打造共享健身房

健身房属于传统企业，而在网上做共享健身房，则是互联网企业的范畴，这种运营模式，很明显是从传统健身房那里抢客户资源，所以传统健身房不能坐以待毙，要考虑运用互联网思维，主动争取客户资源，盘活自己的生意。

互联网的创新90%以上都是营销的创新，产品本质没有发生任何改变，只是，他们加上了互联网的光环，套上了“高大上”的概念，让传统行业从业者一头雾水，摸不清套路。实际上，互联网行业完全只是传统行业套了一件马甲而已。

以健身房为例，除了用互联网解决了邀约的问题之后，产品的本质没有发生改变，健身房还是那个健身房，器材还是那些器材。我们要明白一点，线下永远具备线上不可取代的优势。

当然，我说的共享健身房，跟今天互联网上提到的健身房，是两个完全不一样的概念，**此处的“共享”是基于场所的所有参与者的游戏，是老板、会员、生意伙伴之间的共享，把健身房的生意，变成大家共同参与的生意。**而要搭建共享健身房，可以从以下三招入手。

第一招，搭建会员共享专区。

在健身房的会员当中，有很大一部分可能是企业老板，为了自己的事业，在操劳之余，人们很愿意通过自我投资来加强自己的身体机能。

我和一位养生专家曾探讨过关于“老板身体”的问题。养生专家谈到他的客户有很多亿万富豪，很多都有三高、痛风等疾病。他认为身体健康除了取决于吃什么东西，还和心情的好坏有着很大的关系。我认为，老板身体的好坏取决于他所经营的企业的好坏，企业经营好了，心情自然就好，心情好了，自然吃嘛嘛香，身体就不容易出毛病，这是一个很简单的道理。

我认为，老板的疾病，不是身心疲累造成的，因为老板一般不需要从事一线的工作，老板身体出现疾病，根本在焦虑。比如马云、刘强东等大咖，但凡阿里、京东的股票跌一个点，他们的头发就要白好几根。

健身房如果能为老板们的生意注入新的能量，将能牢牢锁住这个客户群体。所以，搭建会员共享专区，就是打造老板事业的分享专区。在健身房的一面墙上做一个共享陈列专区，为 VIP 会员提供商品陈列和展示窗口，会员把健身房当成会所，以健身为纽带，向大家开放所有会员的信息，与客户共享生意的合作伙伴，让所有的客户进来都知道，这里可以找到生意合作伙伴。既能健身，又有生意可做，何乐而不为呢？

第二招，开放会员特推专区。

在健身房设置共享专区，为所有会员提供展示平台，会员可以将自家的营销型二维码放在展示区，专区里面陈列了会员的掌上展厅，或者是商家的品牌推广及产品销售专区，这就等于会员将自己的店开到了健身房里，并能够和所有健身房的会员共享生意。

那么，对于健身房的重要客户，或者说超级VIP，我们还可以提供特推专区，即为会员提供单独的产品推送和陈列展示，这跟电商平台的头条推送是一个概念。

比如，今天健身房特别推送某位超级VIP会员的产品，这位会员老板向健身房提供了自家产品的海报及相关视觉物料，健身房在每个跑步机面前都贴上该加商店的海报，当其他会员在跑步健身的时候，肯定会看到这张海报，平时都是帅哥美女的健身海报，突然变成了其他内容，会让人产生新鲜感，看的时间也会增加，足够看清楚海报的内容，并产生兴趣。跑步结束，他会迫不及待地拿起手机，扫描海报上的二维码，了解商家的相关信息。营销就这么简单，健身房为客户带来了业绩，他也会成为健身房的忠实粉丝。

第三招，打造分享沙龙。

找一个固定的时间开展沙龙，教练讲述健身的成功案例，比如某会员从成功从180斤瘦到148斤，某会员通过健身，原来瘦骨嶙峋的身躯变得健壮，然后再让会员畅所欲言，分享他们的健身故事。

当然，沙龙不一定只分享健身的内容，可以让会员把健身和他们的生意经结合在一起，形成健身房内的路演。这样，健身房可能成为一个投资的平台，通过健身房，可以开发更多优质的项目，促成更多的生意，这可能比开健身房的利润更丰厚。**分享沙龙的核心就是打造一个聚合平台，把你的健身房变成一个会所，这个会所不是简单的健身会所，而是一个充分融合客户资源的道场。**

移动互联网时代一切皆有可能，健身房要做得很专业，还需要拥有共享、融合的思维，把传统行业的健身房，通过互联网思维，打造成会员参与的“游乐场”。著名手机品牌苹果除了靠卖手机设备赚钱，最重要的是通过AppStore与客户建立长久的连接，赚取软件的分销利润，未来AppStore的分销利润一定会超过硬件带来的收入。

守正出奇，财富增长将不再成为空想，健身房也可以做到。

进行分享营销

分享营销就是按结果付费的口碑营销，就是把客户转变为渠道，让客户给你带来更多的客户资源，并据此付费。

从 2012 年开始，我一直都在强调分享营销的价值与重要性，2017 年开始，分享营销遍地开花，而且我认为，在未来三年，全中国只要是有眼光的老板，一定要采取分享营销的模式。

恒大地产就是分享营销的实践者。所有已经购房的或者知道恒大地产的人，都可以成为他的业务员。他会给你一张电子海报，你发在朋友圈，海报上面就会生成你的专属二维码，通过这个二维码可以看恒大地产在全中国任何地方的楼盘。客户用手机号码注册之后，可以直接在上面看楼盘，预约看房之后，一旦成交，恒大地产就会按照成交额的 1% 返佣金给你。所以即使不在恒大地产上班，照样可以通过恒大地产这个平台获得丰厚收益。而且这件事不会很费力，只需要发朋友圈而已，其他的都由恒大地产的技术团队做好了系统的设置。这是恒大地产分享营销的运用。

健身房使用分享营销，可以实现三个方面的裂变：

首先，让健身房所有的销售迅速裂变为团队和渠道。每位销售人员都有专属的二维码，别人扫了他的二维码，就成为他的客户，可以精准识别身份，当客户到店消费时，就能准确知道是哪位销售的业绩。有了专属的二维码，就可以充分调动销售人员的积极性，他可以发动自己的亲朋好友，为自己的业绩增长助力。

其次，让健身的会员裂变为渠道。通过分享链接的方式，让会员成为渠道，只要会员给你带来客户，你就可以给他延长会期，或者做一定数额的让利，或者直接给他兑付现金，在营销型二维码中设定好相关的数据，就能完成这样的操作。

第三，让所有的合作商家，通过客户识别返佣的方式，裂变成渠道。你合作 100 个商家，每一个商家也都有专属二维码，通过营销型二维码，你就可以精准识别健身房的客户来自哪个商家渠道，然后系统就会自动匹配相应的约定佣金，你给的佣金比例越大，别人就越会努力帮你分享。

分享营销最大的好处就是，没有结果不付费，有了结果才按结果付费。这是借助于移动互联网的二维码技术，可以精准识别客户来自于哪里的一种手段，传统的口碑广告无法实现这一目的。

分享营销的三个裂变，其实是将广告费从平台转向客户，把平台的广告费分享给客户，让客户成为移动的广告载体。我相信，通过广告策略的升级，打造共享健身房，加上这三个分享营销的渠道裂变，健身房的业绩可以提升一倍以上。

Chapter 13

保险业务员如何提高营销能力

随着时代的发展，越来越多的人拥有保险意识，面对保险行业蓝海，保险业务人员看到了机会，兢兢业业，东奔西走，为自己的业绩忙得不可开交。疲于奔命的保险业务员真的实现销售了吗？他的业绩有突破吗？这些问题他们往往没有很好的了解。保险业务员到底应该如何卖保险？下面我将结合个人经历，分两个部分进行解析。

保险行业目前存在的营销问题

虽然人们的保险意识越来越强，但保险业务员在约见客户的时候，还是困难重重。目前保险公司的现状可以用三句话概括：客户不好约，约到了聊不下去，聊完了不签单。究其原因，大概有以下几个方面：

第一，保险产品没有持续地、与时俱进地为客户带来保障，即保障内容没有更新，存在保障滞后、不适用实际情况的现象。

很多保险都不是一锤子买卖，比如寿险可能会持续20~30年，一些理财险可能持续10年，还有各种险都有或多或少的期限。2018年我取消了3份保险，其中一份是我在十几年以前买的保险，这3份保险所提供的保障已经不符合我现在的需求了，我认为续交保费将会造成极大的浪费，取消续保才是明智的选择。

第二，保险业务员不够专业，没有为客户讲清楚产品。

一般情况下，保险是客户先看资料，然后再由业务员逐条解释清楚，但是现在很多保险业务员无法解释清楚产品及相关保障内容，这是相当致命的，但这却是普遍存在的现象，所以导致业绩不佳。

第三，保险业务员约见老客户，不懂二次营销。

答谢活动是保险行业进行二次营销的惯用套路。

我在买了一份理财险之后的好几年，有一天，保险业务员来电，表示公司为了答谢客户，特别准备了礼品，约我到店领取。那天我刚好在附近办事，就去了。到了该保险公司，一位年轻的保险业务员接待了我，并在赠送礼品之前开始对我进行营销。

但这位年轻人存在讲不清楚产品的问题。我让他找资深的销售来谈，于是，一位大区经理为我讲解相关产品，他的话术确实比较成熟，讲解也比较清晰，但在沟通过程中，他有一个致命的错误：没有真正了解客户需求。他为我讲解的都是一二十万元的产品，十几年前，我就购买了近十万元的产品，十几年过去了，这些产品已经不符合我的需求了。

其实，保险公司很容易查证客户实力的，面对不同类型的客户，应该制定好与客户实力相当的方案来进行营销，而不是主观地以客户十几年前的购买力来衡量。

所以说，没有做功课的二次营销，成功率肯定低，但更可惜的是浪费了一次很重要的二次营销机会，后果可能影响整体业绩。

如何解决保险业务员的营销问题

保险的商业模式对业务员比较残酷，因为虽然在一个大的平台，但做营销所需要的一些物质支撑，需要业务员自掏腰包，公司只能做部分支持。即便这样，还是有很多人选择这个职业，因为从某种意义上来讲，**保险业务员是自己的老板，是工作非常自由的群体。**这也说明了保险业务员有很大的财富增长空间，充分调动主观能动性，可以利用自己的知识，借助保险公司的平台，创造属于自己的财富。而这一切都从营销开始。

作为全世界共知的产品，保险已经成为人们的刚需，且将持续是热门的产品，特别是当市场波动加剧的时候，保险将会成为生意人不可或缺的保障产品。基于此，保险业务营销的现状带给我们很多思考。

保险业务员想要迅速提升业绩，在获得财富的同时，还要能帮助客户去提供完美的保障方案。要做到这一点，保险业务员的培训体系和广告营销体系必须升级。如果保险公司没有办法为业务员提供先进的培训体系以及在移动互联网时代的广告营销体系，业务员应该自己去寻找。我认为具体可以从以下几个方面着手：

1. 进行广告的升级

财富获得的过程是通过营销，将服务和商品转移到消费者手中，让价值发生转移，将消费者的财富通过消费，转变成你的财富，而财富实现的所有过程是通过广告进行引导的。

广告是营销重要的体现形式，营销和广告是相辅相成的，它们属于一个体系，营销需要广告，广告为了营销。广告有很多种体现形式，电视是传统视觉广告，广告牌、灯箱、门头是户外广告，VI是平面视觉广告，等等。消费者通过广告产生消费意识，然后购买商品。

在众多保险广告当中，最重要的广告是业务员本身，我称之为“活体广告”。

活体广告一般通过两种形式与客户沟通：其一，通过电话沟通向客户推销公司产品；其二，通过面对面的沟通，借助实体商品，直观地向客户推销产品。

活体广告其实还有第三种与客户沟通的方式——名片。人是通过声音、形象、实物等传递广告信息的，一旦这些工具消失了，广告就会在客户心中弱化，所以业务员要进行广告升级，除了打电话、面见客户，一定还要留下名片、DM 单等企业宣传资料。**广告的升级，是让名片开口讲话，把名片变成流动的业务员和移动的专卖店。**名片上的二维码就是要起到这个作用。

这个二维码不该是保险公司的公众号，也不该是个人的微信号。因为真正会去关注一个保险公司公众号的人很少，客户不能从公众号中得到他需要的东西。同时，在没有建立足够信任之前，也没有人愿意加业务员尤其是保险业务员的微信。

二维码是用来介绍保险产品的。消费者在购买保险的时候，很少会关心业务员是谁，是哪个保险公司，他们只会关心保险的范围和价格。所以，二维码只有展现保险产品本身，才能在营销过程中直接锁定消费者眼球，让他看到他想要的，并最终达成交易。营销最直观的效果是所见即所得，也就是客户看到的就是想买的。

2. 迅速约到客户

对自己产品的自信，是任何营销的基础。当你告诉客户一定需要一个保险的时候，客户一般会反驳：我就不需要这个保险，至少现在不需要这个保险。这说明，当你的信念和客户的信念产生冲突时，你的信念便是无效的。

我在训练销售团队时，会告诉他们一定要有信仰，要坚信你的产品一定可以帮到别人，当你的坚信变成了客户的信任时，客户就一定会见你。

有些保险业务员约不到客户的原因可能是“说了实话”。

比如某位客户家中亲人出了事故，给家里人带来了一些损失和伤痛，这是与保险业务有很大关联的事情，可以趁此机会进行营销。但有一些保险业务员却没有很好地把握住机会，他在推销的时候，通过自己的话术，给出的逻辑是：如果当初买了保险，现在也不至于人财两空。任何人听到这样的话，心理都会不舒服的，更不要谈光顾你的生意了。

在这种情况下，首先应该对客户进行安抚，然后用同理心进行说服，告诉客户，最希望他过得好的就是发生事故的那位亲人，缓和客户情绪，实现共鸣，最后再介绍保险产品，让客户在受到心灵创伤之后，拥有一份实在的安全感。因为购买保险确实是对客户有利的事情，所以，只要话术得当，相信很多人愿意为自己购买一份保障的。

所以，当你想获得财富的时候，你要让你的客户快乐，而不是让他在痛苦当中选择你的产品，一个缺少同理心的销售，一定不是一个好销售。当你一切都只以业绩为导向，而不去顾及客户的心理，就算客户在痛苦中选择了你的产品，你的营销也一定是失败的，就算成功也只是侥幸，不能成为一个持续获得财富的法门。

3. 争取 5 分钟的交流时间

想要客户彻底了解保险产品，往往需要业务员花费至少一两个小时进行讲解，很多业务员第一次见到客户，总想着把业务说透，可是如果客户是一位老板，一般没有很多的时间。这就需要业务员在短时间内将产品说透，并且引起客户的兴趣。

最好的销售一定要见到客户，争取面对面的机会，时间不用长，5 分钟就可以。

但是，保险不是两三分钟可以讲清楚的产品，没有一个保险业务员能够在 5 分钟之内卖出一份保险，哪怕是最简单的产品。所以我讲的“5 分钟”，是首先争取一个 5 分钟的见面交流时间。在与客户寒暄之后，根据实际情况展开营销，如果对方给不了太多时间，那么一定要记住一点：

无论你见没见到客户，你都要提供一份资料给客户，那份资料的属性决定了你营销的成败。

所以，就算不能当面解释清楚，也可以借助营销工具，在名片、DM 单等广告载体上加上二维码，让保险的方案能够开口说话，代替你成为流动的专卖店以及移动的保险公司或者保险的经营部。

当然，在名片递出去之前，需要做很多准备工作。要用最精练的语言把产品介绍给客户，特别是针对客户做出的方案产品，阐述产品的事情则交给已经升级了的广告，用二维码凝结想要展现给客户的精华。因为我们已经进行了广告升级，客户能从广告载体中清楚地了解所有的精华和亮点。

所以要争取一个 5 分钟的见面机会，然后留下一个具备营销功能的广告。当我们能有的放矢地为客户提供产品，业绩自然会上升。

4. 掌握约到客户后的营销

向客户进行营销需要掌握三个核心。

第一个核心，寻找语言替代者。

人与人是在语言上所呈现出来的天赋是有差别的，

有人能够通过话术精准快速地解释清楚产品，迅速抓住客户的心。如果没有这个能力，就应该寻找语言替代者。

让优秀语言表达者更好地呈现产品，即将他们的话术作为标准化的样板，作为所有销售人员营销的工具，成为“共享话术”。

具体的操作是使用名片二维码，扫码进入页面后，将会有一段视频，讲解人员必定是保险公司的销售高手，那个具有语言魅力的人。通过几分钟的视频，与客户形成面对面交流的场景，从而打动客户。

第二个核心，做好产品的说明。

产品本身是会说话的，将产品的优势、亮点提炼清楚，在最显眼的地方展示出来。记住，一定不能呈现全部的产品，最多选择 3 款即可，进行着重介绍，其他的产品可以归纳进二维码的菜单栏中。

第三个核心，预留一个咨询入口。

了解完产品的客户，可能已经被你升级后的广告打动，激起了他的消费冲动，所以你需要预留一个咨询入口，让客户在需要了解更详细的解决方案时，可以通过添加电话号码的方式与你取得联系，这是互动多媒体的广告，也是营销型广告，是一个脱离你之后，依然具备营销能力和自我说服能力的广告。

案例 CASE 共享话术

5. 整合客户资源，打造共享生意圈

保险业务的初衷是为了客户，每位保险业务员都有庞大的客户资源，如果通过保险扩展出的业务，能够帮到客户更多，就能增强客户购买保险产品的意愿。

利用营销型二维码整合客户资源，打造共享生意圈，创建一个连接彼此的载体和平台，能够让这些客户依托于保险产品所建立起的纽带关系，产生互动营销，让客户不仅可以享受保险产品的保障，还能扩大人脉圈，让生意变得更好。

Chapter 14

平面广告为什么一定要放二维码

现今绝大部分的广告上面都有二维码，但是很多人都用了错误的方法，导致二维码失去了应有的价值。很多人对二维码只有一个朦胧的认知，只知道广告上要放二维码，却不清楚具体的用途和方法，没有搞懂二维码真正的价值，广告制作都在重蹈覆辙，所以在本章将重点阐述二维码对平面广告的重要战略价值，从而让你的广告营销更有效。

我们今天在日常生活中最常见的广告体现形式，就是平面广告，其中包括店铺门头、名片、海报、宣传画册以及各种各样的路牌广告，这些广告都通过一个平面内容展示。接下来将分三个方面解读平面广告与二维码技术的结合。

平面广告的特征

广告的目的是为了广而告之，所以广告追求的就是覆盖率。这也解释了为什么资本对于广告的投放会更倾向于全方位的媒体覆盖，比如过去中央电视台的标王都被诸如孔府家酒、秦池古酒等酒厂拿下，正因为当时这些品牌的平面广告大量投放，所以至今仍令人耳熟能详。在那个没有移动互联网的时代，传统媒体无疑是广告传播效果的保障，这是平面广告的第一个特征，广泛的传播覆盖。

广告中“广”的含义

从字面上来看，“广”顾名思义就是数量多，对于广告来说就是发的越多越好、印的越多越好、知道的人越多越好。所以印名片是以盒数起步，DM 单是以几万张起步，企业的宣传画册是以千本起步。在没有移动互联网的时候，100 张名片的效果可以影响 100 个人。人们对于产品宣传的认知，需要广告印刷品的一对一送达才有效。因此过去的广告，需要有一定的数量保证，才能有广告效果的保证。

但这种旧式思维放到现在明显落后了，传统的广告形式，依然停留在传统的名片、宣传单、海报、门头的数量战术。那么传统企业在今天如何让广告更加有效？现在我告诉你，只要通过一个有效的二维码。

这个二维码有效在让广告变得更广更多，比如过去100张名片只能影响100个人，那么今天一张名片就可以影响100个人、1000个人甚至是10000个人；过去一张海报只能通过花大价钱制成灯箱或展架摆在大街上，有人关注了这个广告才有可能形成销售，那么现在一个平面广告的一个二维码，就有很多被分享出去的可能性，即使不亲临现场也能被广告辐射到。

案例 CASE 摔碗酒

石家庄一家广告公司借助“摔碗酒”在网络上的超高人气，迅速联合了当地一家餐饮客户和一家百货公司客户打造了一场盛大的跨界营销狂欢，为当地人们带来一场高品质的盛宴，让消费者们“不用去西安，也能玩到摔碗酒”。这场活动从2018年5月11日一直持续到5

月20日，连续10天的玩玩玩、吃吃吃、摔摔摔！这种特别新奇的方式，吸引了大批游人去尝试！

此次活动采取邀请函方式，扫描海报上的二维码，可以看到活动攻略，包括各种摔碗的姿势，各种地道美食，还可以免费领取电子券，用这种方式引导消费者转发朋友圈，让活动迅速在朋友圈传播开来，从而达到“广”的传播效果。

平面广告的“原点”

回归广告的原点，看广告的价值，然后研究放二维码的动机。

1. 广告的原点是什么？

广告的原点（出发点）是为了引导客户到店。判断一个广告是否有效，就是看能不能引导客户到店消费，过去通过提升广告的投放量，提升客户到店的概率，但这种方法在如今铺天盖地的广告洪流中收效甚微。所以现在要开始去研究，如何在有限的预算前提下，让广告带更多的客户到店。

2. 广告原点能带来什么？

遵循广告原点，能在成本有限的前提下，传播更多有效的广告。比如发 100 张名片能达到发 1 万张、5 万张的效果。之前做过一个案例，一张带有二维码的海报就影响 10 万个人，10 万人都看到了经过二维码裂变的海报，让商家的生意迅速火起来。如果一家商家店铺规模不大，在没有那么多预算前提下，用“平面广告 + 有效的二维码”的方式，就能迅速让广告发生裂变，100 个广告就能带来 5 万至 10 万的广告阅读量。

3. 原点与口碑的关系

广告回归原点，让客户在有限的广告预算前提之下，通过“平面广告 + 二维码”，让广告发生裂变，这其中有一个关键，就是口碑。

传统企业在互联网时代没落，其中重要的一点就是忽略了卖场营销的体验。很多饭店生意好不等于服务到位，这个服务到位，主要包括店面的营销环境、店面的体验以及员工的话术，即以最低成本，完成最有效的口碑广告。作为传统企业，需要用广告引导消费需求，然后通过新的口碑传播方式去进行裂变，于是“平面广告 + 二维码”的市场来了，一旦借助了二维码和互联网技术，原本传统的平面广告的阅读者，就变成了广告的裂变传播者，相当于把一个广告、名片、门头，迅速裂变成无数个广告、海报、名片乃至无数个门头，所以这就是传统平面广告放二维码的价值，让客户既是阅读者，又能变成分享的渠道。

第一，二维码如何带来裂变？

二维码能把客户裂变为广告传播的有效渠道。我们还以房地产行业为例。对于一家房地产公司的广告来说，购房者如果没有专门走到广告面前，这个房产广告是不具有传播力的。当然这种局限是可以打破的，这时候可以创造一个场景，比如说在房地产的广告海报上面放了一个二维码，一个与众不同的营销型二维码应用，使用独特的技术手段和场景的展示，把客户引导到店，这是裂变的第一步。比如现下流行的全景看房，在扫了这个码后，呈现的内容是房屋楼盘的全景，同时还有一个申请预约看房得到的小礼物，也可以把它理解成优惠券。对消费者来说，同样的楼盘情况下，他可能会优先选择提供优惠券和全景图的商家。同时这个礼物（优惠券）也会成为辐射到朋友圈的钥匙，当消费者把优惠券海报分享到朋友圈，广告的效力就可能会呈指数级扩大，开始裂变。

第二，有价值的裂变海报，必备两个条件。

其一，创造免费的分享场景。

餐饮行业的免费分享场景：

饭店桌子：让桌子变成海报。很多人有就餐拍照的习惯，通过利用这一点让训练有素的饭店业务员主动为顾客拍照，在拍照过程当中，把桌子上饭店的 Logo 巧妙地融入进去，这就得到了一个免费传播的机会，同时相片中的菜式得到了展示，也是引导更多人来吃饭的因素。

台卡广告：台卡中的海报上要有二维码，并写有诱导扫码的话术，如“教你怎么做这道菜”。引导顾客扫码去学。同时这个台卡中含有优惠券，人们扫了码之后，分享到朋友圈，就会得到优惠。巧妙用好引导话术，让一张台卡也能影响到没亲临现场的人。

案例 CASE 台卡海报

ABSTRACT
BROCHURE
合作加盟
ABSTRACT
美味小龙虾
ABSTRACT
美食诱惑
IPSUM
GROW
YOUR BUSINESS
WITH US !
关于我们
1 美食介绍
2 美食介绍
3 美食介绍
教你怎么
去做菜

装修公司的免费分享场景：

装修公司施工现场的海报：如前文所述，在装修的时候，在门口贴一张海报，除了介绍自己，还可以在海报下面放一个二维码，上面写着“扫码体验我公司的装修案例，必有一款适合你”这么一句引导话术。当购房者看到了这个楼盘，想装修时，就会参考别人的装修风格，在楼门口看到你的这个施工牌，通过扫描海报上的二维码看到以往的装修案例，包括目前正在施工的这间房子以及装修好之后的效果图，这样勾起潜在客户的兴趣，通过把装修场景体验植入二维码，迅速获客。

通过海报提供免费的装修方案：海报上二维码可以添加一个入口，通过提交资料、楼盘面积等，免费为客户出一套方案。

装修效果服务 + 免费的咨询 + 免费的设计方案，变成了一个分享的渠道，让每一个看这个海报的客人，都有机会裂变为一个渠道，去影响他的朋友圈。原本一个简单的告示牌因此变成了一个专卖店甚至是一家完整的房地产装饰公司，这种 24 小时无人值守式的营销是创造免费分享的关键。

其二，海报上要有引导客户分享的术语。有效地引导客户分享，这个很重要。

案例 CASE　各行业的分享引导话术

健身中心：怎样练更健康？什么样的饮食配合增肌运动效果更好？

饭店：这道菜怎么做，怎么营养搭配更健康？

装饰公司：如何把小房间设计出大房间的感觉？

美容美发会所：化妆品怎么用，才能让容颜变得更加姣美？

宣传文案，要切中顾客的需求点，在此基础上填充内容，让客户心甘情愿地扫码，了解更多信息。

未来户外广告会逐渐转移到户内，转移到店铺内，那么店铺内因为有营业员，所以在销售商品的时候，通过跟客户的有效交流，引导客户扫描海报上的二维码分享，从而达到扩大宣传的目的。

Chapter 15

AI 智能广告系统，重新定义广告

随着互联网技术的高速发展，“互联网 +”发展模式不断完善，广告印刷品“技术赋能”的方式时刻发生着变化。现在，广告营销的圈子里，最火的莫过于人工智能（Artificial Intelligence），英文缩写为 AI。人工智能即人通过智慧和能力制造的智能实体，让人们更便捷地使用数据、工具、智能机器等。AI 融入营销的趋势已然势不可当。

人工智能与广告营销相结合，将给未来广告领域带来更多的变化，广告正经历从 VI 到 AI 的转变，AI 人工智能将成为广告行业未来的新风口。此章节跟大家分享 AI 人工智能识别技术的优点，并从 9 个方面分析 AI 智能广告系统给传统广告带来的颠覆性改变。

AI 人工智能识别技术的优点

AI 人工智能识别技术最大的特点是精准识别。传统广告有一个最大的问题，就是不知道谁看了广告，只有消费者到达店面之后，才能知道。一条街有 30 家饭店，顾客可能受到门头、店面海报、店内销售人员的影响，最终决定去哪一家饭店吃饭。

新广告是让客户在看到广告的时候就进行选择。比如，在一张海报上植入优惠券，并做到优惠可分享。那么客户坐在这家饭店里吃饭，领了这张优惠券，把它分享到朋友圈，他的朋友领了优惠券，就有可能选择到这家饭店来吃饭。这种广告技术是在传统的平面广告上设置互动入口，来获得客户的联系方式，进而去追踪锁定客户。

AI 人工智能识别技术是对这种模式的又一次被颠覆。我们不需要刻意地去设置互动入口，不需要刻意让客户去留下电话号码，也不需要关注公众号，因为对客户来讲，这些都是被动的销售行为，只要客户不做选择，就无法得知客户的信息。AI 人工智能识别技术是客户站在广告前，只要用手机扫了广告上的二维码，就能被锁定。客户的浏览轨迹就被 AI 全程捕捉，就像被室内的摄像头盯着一样，客户浏览数据，当 AI 分析客户对产品感兴趣的时候，我们可以立刻在手机上与客户发起对话。“先生，您好！我发现您对我们的这款产品很感兴趣，这款产品我们刚好正在做促销……”相信客户一定会很惊讶。

AI 智能广告系统 9 大功能

AI 智能广告系统的最大的核心在于，当客户阅读广告的时候，可以立刻发起追踪，锁定客户，而且是绝对的精准追踪，实现在线沟通、交流等一系列的营销。所以 AI 人工智能广告才是真正的颠覆 VI 广告时代的一种新的技术应用。

它真正实现了在任何场景当中，只要客户阅读了我的广告，我就能知道。我在这个城市中铺设了 1000 个广告位，发了 1 万张宣传单，20 个业务员，在一个月的时间里，一共发了 3000 张名片出去，只要任何一个客户，在任何模式下阅读这些广告产品，业务员都可以及时追踪。今天去拜访一个客户，留了一张宣传单在客户那里，回到公司后能知道客户正在看宣传单。虽然和客户相隔 20 公里，但是可以迅速地发起对话。

笔者所在的快印客电子商务有限公司，投入精干的技术团队，经过近一年的反复研究和测试，终于研发出 AI 智能广告系统。一个优秀的 AI 智能广告系统，具备以下 9 大功能：

1. 在线沟通

当客户在浏览广告的时候，只要用手机扫了广告上的二维码，就已经被 AI 智能广告系统锁定，无论走到哪里，不用加微信，不用添加联系方式，可以立刻与之发起沟通和聊天。

以前，营销人员在给客户发了一张名片后，哪怕客户对产品非常感兴趣，也无法保证客户会主动联系，所以，AI 智能广告相当于安排一个“卧底”，只要客户扫码，就开始潜伏在客户的微信里，根据停留的时间分析成交率，只要发现客户的成交率高，就能即时沟通。

2. 在线商城

在移动化的场景时代，营销产品需要搭建场景，随时影响并且渗透到客户的生活中。AI 人工智能广告系统，通过一个平面广告上的二维码为入口，搭建一套完整的商城系统。集产品介绍、交流互动、支付系统、售后服务等功能于一体。在线商城系统是在线沟通系统的一个延伸和缔结。

3. 丰富生态内容

AI 智能广告系统可以搭建丰富的内容，和 PC 端的网站没有任何区别，成为公司官网、商城、广告系统完美的组合。公司的所有业务员、产品、展厅、渠道，所有未来即将推出的新的产品、公司的理念、在线的销售，都可以通过 AI 智能广告系统来展现。

4. 智能获客

智能获客，通过智能手段获得更多的客户。这是渠道营销革命的一次颠覆性变革，过去渠道营销需要搭建团队，逐一寻找代理商去商谈，还要进行大量铺货，才能实现获客。通过 AI 智能模式，只需要一个二维码，就能够精准地识别客户来源，智能获客。

比如你看到一篇非常好的文章，阅读量很高，那么你可以利用 AI 智能广告系统，在得到文章作者的认可下，将你的广告内嵌到这篇文章上进行传播，这样当这篇文章在网络上被大量转发和阅读的时候，就会有人来阅读这个广告。这个广告产生的宣传效果是由文章的作者以及阅读者带来的，AI 智能广告系统就可以按照结果，为文章作者和阅读者付相应的广告佣金。

这也是 AI 智能广告系统里面的分享营销。笔者是最早讲分享营销、最早开发分享营销技术的人。2012 年，当时还没有分享营销这个词，而是叫作可分销二维码。分享营销可以识别客户，知道谁扫了码，然后根据扫码背后的数据链接来追踪客户的来源，据此付费。

5. 轨迹捕捉

从客户看到广告的那一刻开始，一直到退出广告浏览的所有过程，可以通过 AI 智能广告系统，精准锁定客户的浏览轨迹。客户在哪些板块、哪些内容当中停留了多长时间，全部都有轨迹图得以展现。24 小时实时跟踪客户行为轨迹，变被动为主动，及时捕捉意向客户。

6. 预测成交

通过分析客户喜好等各项数据，提高客户成交率。比如有 300 个人看了广告，AI 广告系统的后台会列出精准的数据表，根据客户的停留时间，对产品的感兴趣度、认知程度，得知客户对产品的满意度，最终预测客户的可成交率。比如，在这 300 个客户当中，有 200 人拥有 80% 以上的意愿。销售就可以迅速追踪拥有 80% 意愿的客户，并且可以根据自己的时间，对客户进行画像分析，适时发起聊天和沟通，大大提高成交率。

7. 客户管理

AI 智能广告系统拥有 CRM（客户关系管理）的功能，在跟客户沟通的过程当中，通过轨迹分析、意愿度分析，为客户做标签。比如，有些客户很好沟通，有做省级代理的意愿；有些客户脾气粗暴不好沟通，短期内不要进行联系；有些客户经过沟通，了解到没有意愿，那就果断放弃。通过信息数据化，随时调用、一键更新，再多的客户数据也能轻松管理。

8. 员工管理

在销售人员跟进客户的过程当中，AI 智能广告系统会根据员工的主动性、意愿度、成交率等一系列的指标，分析这个员工在工作过程当中的整体状态。对每一个销售进行标签式的管理，避免管理者因主观意愿而做出的评价。根据系统给出的结果，通过各项数据指标，对销售人员和公司员工进行综合性描述。通过互联网技术，捕捉一切数据信息，谁优秀，谁认同公司的价值观，谁忠诚于公司，谁值得公司重点去培养，这些都可以通过 AI 智能广告系统得到答案。

如果有销售员工离职，那他手上的客户怎么办呢？AI 智能广告系统具备功能强大的 CRM 管理系统，销售离职后一键完整对接，永久锁定企业资产，新员工也能快速上手。

9. 共享营销

当所有合作伙伴的商家的广告具备了 AI 智能广告识别功能的时候，也就意味着任何人都可以开放自己的广告平台，为第三方所用，据此获利。

客户关系是公司的重要商品。一家卖杯子的公司，一定不要局限于只卖杯子，也许卖杯子没有赚到钱，但是通过卖茶叶、茶具能够赚到大量的资金，这是因为原先大量的买杯子的客户，是茶叶和茶具的精准客户。所以，你虽然不生产茶叶，也不制造茶具，但是可以在 AI 智能广告平台上开放数据平台，跟相应的公司去进行数据对接。

互联网技术可以让原本毫无关系的体系，或者有相应的供应链关系和生态链关系的体系，通过数据分析来打通连接，最终形成广告连接的共享平台。

案例 CASE AI 智能名片

后记

Epilogue

2012年10月，成都，我第一次公开演讲，讲解二维码的核心价值以及可分销二维码的创新广告应用。那时候，很多人还不知道什么是二维码。2014年，我第一次提出"技术营销"这个词汇，当时很多人可能还不懂，营销就是营销，都是大师们的事，关技术啥事!

今天，这本书截稿了，我想，这应该是一个新的时代，广告创新的时代!

技术的变革改变了原本很多的不可能，当伦敦还在担忧会被马粪覆盖的时候，汽车诞生了；当人们还在担忧汽油不可再生时，电力驱动出现了；当家长担心外出孩子会饿到的时候，外卖诞生了；当很多人无法圆一个开车梦想的时候，共享汽车出现了；当人们抱怨一年丢几辆自行车的时候，摩拜出现了；当传统企业担忧互联网带来的影响时，这本书出现了……时代总是让人们猝不及防……

技术让很多原本特定人群消费的产品为大众所认知并接受，营销也不例外，传统的营销策划都是大师所为，大企业才能消费，因此，中国 4300 万中小企业无缘大型营销策划，艰难前行，这也许是中国很少诞生百年品牌的核心因素，企业的生存周期短，经营艰难是不争的事实。今天，纵观互联网应用领域的创新，很多都对传统行业造成一定的冲击，甚至直接威胁传统行业的生存。但是，我研究发现，几乎所有互联网应用领域的创新都是在传统行业基础上借助了互联网的思维和技术工具实现的。例如共享汽车、共享单车、共享旅馆、共享厨房……理论上讲，除了互联网技术的应用，完全就是传统行业的原本生意！这就是为什么我一定要写这本书，不仅仅是作为一个生意，更多的是让传统行业认识到互联网的价值以及成熟技术的应用，不要被互联网技术表面的“高大上”吓到。像马云说的一样：未来 30 年属于用好互联网技术的国家、用好互联网技术的企业和用好互联网技术的个人。技术已经成熟，传统行业需要的是理论的认知和技术的应用。

这本书的核心就是面向传统行业介绍互联网思维以及互联网技术的应用。掌握这本书的核心内容，传统行业可以升级为互联网应用行业，用互联网思维和技术来经营自己的企业。

物竞天择，适者生存，优胜劣汰。

祝所有的读者学有所成，战胜对手，提升民族产业的生命力！